地域に学ぶひとづくり
和歌山・上秋津と大学との地域づくりからの発信

藤田 武弘・木村 則夫・大浦 由美・岸上 光克 編著

筑波書房

目　次

序章　地域に学ぶことの意義 ……………………………藤田 武弘 … 1
　　はじめに …………………………………………………………………… 1
　　1．「地域づくり戦略論・地域づくりの理論と実践」の開設目的 ……… 2
　　2．寄付講義10年間の成果 ………………………………………………… 6
　　3．域学連携への期待と大学の役割 ……………………………………… 7

　　〈コラム1〉地域づくりの学びへの期待―それは楽しく、そして役に立つ―
　　　　………………………………………………………………橋本 卓爾 … 9
　　〈コラム2〉"イーハトーブを我が里に" 私の地域づくりの原点 … 原 和男 … 11
　　〈コラム3〉刊行に寄せて ………………………………………宮浦 恭子 … 14

第Ⅰ部　地域づくりの理論と上秋津 ………………………………… 17

第1章　地域づくりと地域内再投資力 ……………………岡田 知弘 … 18
　　はじめに …………………………………………………………………… 18
　　1．「地域」とは何か ……………………………………………………… 19
　　2．地域を「活性化する」、「豊かにする」とは、どういうことか …… 22
　　3．地域づくりの具体例から学ぶ ………………………………………… 27
　　おわりに …………………………………………………………………… 31

第2章　地域経営のための合意形成と組織づくり
　　　　………………………………………………玉井 常貴・木村 則夫 … 33
　　はじめに …………………………………………………………………… 33
　　1．現状は予断を許さない ………………………………………………… 34
　　2．地域づくりの大きな転機 ……………………………………………… 37
　　3．地域を学ぶ機会をバネに更なる飛躍を ……………………………… 42
　　4．流通の変化と直売所『きてら』の誕生 ……………………………… 46

第3章　地域づくりからコミュニティビジネスへ……… 木村 則夫 … 52
　はじめに ……………………………………………………………………… 52
　1．ジュース加工をめぐる試行錯誤 ……………………………………… 53
　2．廃校活用で都市農村交流を …………………………………………… 55
　3．行政や地域を味方に住民が動き始める ……………………………… 59
　4．誕生！都市と農村の交流施設「秋津野ガルテン」………………… 64
　5．地域づくりはひとづくり ……………………………………………… 69
　おわりに ……………………………………………………………………… 72

　〈コラム4〉地域づくり学校と私 ……………………………… 柏木 満 … 73
　〈コラム5〉「徒然なる地域づくり」…………………………… 芝 翼 … 75

第Ⅱ部　地域づくりとマネジメント ………………………………………… 77

第4章　求められる「連携力重視型」人材 ……………… 牧野 光朗 … 78
　はじめに ……………………………………………………………………… 78
　1．右肩下がり時代に求められる「人材サイクル」の構築 …………… 78
　2．「自己完結型組織」が地域の「エアポケット」を生む……………… 81
　3．「連携力重視型組織」が地域の「エアポケット」を埋める ……… 84
　4．「エアポケット」を埋めるための「連携力重視型組織」への転換… 85
　5．「エアポケット」を埋めるための「連携力重視型人材」の育成 … 87

第5章　地域づくりとマネジメント ……………………… 八島 雄士 … 93
　はじめに ……………………………………………………………………… 93
　1．地域づくりの土台：形成段階から運営段階への接続 ……………… 95
　2．地域づくりの発展過程と運営戦略 …………………………………… 100
　まとめ ………………………………………………………………………… 108

第6章　地域運営組織のこれまでとこれから〜島根県を事例に〜
　　　　　　　　　　　　　　　　　　　　　　　　　　有田 昭一郎 … 112
　はじめに …………………………………………………………………… 112
　1．島根県における地域運営組織設立の背景と展開状況 ……………… 112
　2．地域運営組織設立の面的広がりのプロセス ………………………… 114
　3．地域運営組織の設立、運営についての3つの問い ………………… 116
　4．地域運営組織の活動の停滞と活性化 ………………………………… 118
　5．川本町『未来塾』、邑南町『口羽をてごぉする会』………………… 120
　6．地域運営組織のこれからの役割 ……………………………………… 124

　　〈コラム6〉上秋津での学びと私 ……………………… 武田 浩卓 … 126
　　〈コラム7〉仲間たちと共に学んだ地域の絆 ………… 円座 史人 … 128
　　〈コラム8〉寸　感 ……………………………………… 小田川 隆 … 130

第Ⅲ部　地域づくりをめぐる新たな潮流 …………………………… 133

第7章　都市農村交流とコミュニティの形成 ………… 藤井 至 … 134
　はじめに …………………………………………………………………… 134
　1．都市と農村の関係性の変化 …………………………………………… 134
　2．都市農村交流政策の展開 ……………………………………………… 136
　3．都市農村交流の多様な実践 …………………………………………… 137
　4．コミュニティの形成に向けた都市農村交流のあり方 ……………… 145
　おわりに …………………………………………………………………… 146

第8章　移住・定住推進と関係人口 ……………………… 阪井 加寿子 … 149
　はじめに …………………………………………………………………… 149
　1．若い世代の田園回帰 …………………………………………………… 149
　2．移住・定住推進の展開 ………………………………………………… 151
　3．移住・定住推進による農村の「今」 ………………………………… 156
　4．最後に〜地域づくりと関係人口 ……………………………………… 161

第9章　地域づくりと若者・よそ者 …………………図司 直也… 164
　はじめに ……………………………………………………………… 164
　1．変化に揺らぐ農村社会の今 …………………………………… 164
　2．注目され始めた農村に向かう若者たち ……………………… 167
　3．農村再生のプロセス …………………………………………… 168
　4．U・Iターン者が子どもたちに投げかける学びの場づくり
　　　――青森・南部町の動き ……………………………………… 169
　5．都市農村対流時代の到来と足元を学ぶ場づくりの大事さ … 174

　〈コラム9〉上秋津での学びと私 ……………………稲葉 修武… 178
　〈コラム10〉上秋津での学びと私 ……………………貫田 理紗… 180
　〈コラム11〉上秋津での学びと私 …………………井上 信太郎… 182

第Ⅳ部　地域づくりと農業・農村のこれから ………………… 185

第10章　地域農業の新たな担い手 …………………山本 淳子… 186
　はじめに ……………………………………………………………… 186
　1．農家（農業経営体）と農業労働力の動向 …………………… 186
　2．新規就農者をめぐる動向と課題 ……………………………… 190
　3．第三者継承の実態と課題 ……………………………………… 197

第11章　地域農業の6次産業化 ……………………細野 賢治… 202
　はじめに ……………………………………………………………… 202
　1．6次産業化とその発展形態 …………………………………… 201
　2．経営体完結型6次産業化を実践する「トムミルクファーム」…… 204
　3．ネットワーク型6次産業化を実践する「世羅高原6次産業ネット
　　　ワーク」 ………………………………………………………… 206
　4．農商工連携型6次産業化を実践する「せとだレモン」……… 210
　5．地域農業の6次産業化と人づくり …………………………… 213

第12章　農業・農村と歩む農協 ……………………岸上 光克 … 217
　　はじめに ……………………………………………………………… 217
　　1．協同組合とは何か………………………………………………… 217
　　2．戦後農協の変遷…………………………………………………… 219
　　3．日本における総合農協の特徴と今 …………………………… 223
　　4．農協の抱える課題とその対応 ………………………………… 226

おわりに ……………………………………藤田 武弘・大浦 由美 … 230

序章

地域に学ぶことの意義

藤田 武弘（追手門学院大学）

はじめに

　和歌山県田辺市上秋津における先駆的な地域づくりの実践から学び、全国の農山村地域で地域づくりを牽引する人材を養成したいとの思いから、農業法人株式会社秋津野と和歌山大学との連携により開設された「秋津野地域づくり学校（2008-2010年度：経済産業省事業）」および「紀州熊野地域づくり学校（2011-2013年度：田辺市事業）」の理念を引き継ぎ、和歌山大学が南紀熊野サテライトにおける一般市民への開放講義（通年15コマ開講）として、寄付講義「地域づくり戦略論（2014-2018年度）」「地域づくりの理論と実践（2019-2023年度）」を開講して10年が経ちました。

　この間、のべ340名余の大学生や社会人（行政・団体職員、一般市民）が、寄付講義を通して上秋津での地域実践から学びを得て、そのうち多くの受講生が各地で農業・農村を支え、そして担う「地域づくり人材」として活躍しています。大学で教鞭をとる私たちを、学生とともにこの魅力的な地域づくりの学びへと誘ってくれた上秋津の先達の中には、志半ばにこの世を去られた方々もお出でになります。しかし、講義を通して培われた相互の交流や協働による「鏡効果」は、地元上秋津の住民の方々にとって、農山村固有の地域資源の価値を再確認する機会となったほか、それらを活用した地域循環型のコミュニティビジネスを展開する力として受け継がれるなど、開設当初に目指した理念は決して今も色褪せることなく、益々その重要性を浮き彫りにしているように思います。

　本書は、10年の節目として、これまで開講した寄付講義の実践記録を取りまとめるともに、私たちが上秋津での学びから得たエッセンスを、地域づく

りに関心を寄せる学生や市民の方々、そして日々の地域づくり活動に悩み、ヒントを模索されている全国各地の実践者の方々と共有したいとの思いから、過去に"モデルカリキュラム"として提供してきた寄付講義の中から全13講義を選び、再構成したものです。

　各講義は、第Ⅰ部「地域づくりの理論と上秋津」、第Ⅱ部「地域づくりとマネジメント」、第Ⅲ部「地域づくりをめぐる新たな潮流」、第Ⅳ部「地域づくりと農業・農村のこれから」の4部で構成されていますが、各部の最後には当時の寄付講義受講生からの寄稿（上秋津での学びが、今の仕事や生き方にどう繋がっているかを振り返って）を「コラム」として掲載しています。地域での学びがもたらした"成果"という言い方が正しいのかどうか分かりませんが、併せてご一読頂ければ幸いです。

1．「地域づくり戦略論・地域づくりの理論と実践」の開設目的

　10年間継続した寄付講義「地域づくり戦略論・地域づくりの理論と実践」は、ロイヤルホールディングス株式会社の創業者である江頭匡一氏の基金をもとに設立された「公益財団法人・江頭ホスピタリティ事業振興財団（以下、江頭財団）」の公益活動事業（研究開発助成事業：教育部門）からの支援を受けて開設されたものです。開設当時から、産学地域連携による多世代を対象とする学びの機会として注目を集めてきました。

　受講生のうち大学生については、主として和歌山大学の4学部（教育学部・経済学部・システム工学部・観光学部）に所属する1年生から4年生までの学生で、中には学部から大学院への進学後も継続的に講義に参加して学び続ける学生もいます。最も受講生が多かったのは、主任講師として本講義のカリキュラムをマネジメントする立場にあった筆者が所属する「観光学部（地域再生コース）」の学生たちでした。コロナ禍の影響で、オンライン開講の一部導入が余儀なくされた2020-2022年度を除いて、毎年20名の定員枠（応募多数の際は選抜あり）内で学生が受講していましたが、県南部の田辺市で現地開催されることから、学生にとっては交通費や宿泊費の出費が余分に必

要となるにも関わらず、リピート受講を希望する学生が毎年一定数見受けられたことは運営する側としても嬉しい誤算でした。

　また、学生以外の市民を対象とする一般受講生についても、定員枠の10名に近い数の受講生が毎年度参加されていました。年代層も高校生（高大連携枠）から80歳代までと多世代に及び、仕事の幅も「会社員、団体職員、公務員、農業者、退職後の移住希望者」と広範でした。とりわけ特徴的なことは、学生時代に本講義を受講していた卒業生が、社会人になってからも一般受講生として再び登録して学びを継続するというケースが少なからず見受けられたことです。

　ところで、江頭財団に申請した本講義の開設目的は次のようになっています。

　『少子高齢化が進展する日本では、都市と農村の格差が拡大し、農村では"限界集落"が増加するなどの問題が起こっている。しかし、その一方でライフスタイルの変化や食の安全・ホンモノ志向を背景に、食の土台となる第一次産業の営みや農村での暮らしに対する都市住民の関心も高まっている。そして、農村においても、持続可能な自立した地域を目指して、「地域資源の活用」「農工商連携（いわゆる6次産業化）」「都市農村交流」などを手掛かりとする様々な取り組みが進められつつある。なかでも、ニューツーリズムの一形態であるグリーン・ツーリズムは、リピーターの存在に象徴される反復的滞在を伴って、小規模ながらも質の高い農家と都市住民との交流を特徴としている。交流による「鏡効果（他者の目線を借りて、日常生活の中に潜む価値への気づきを得ること）」の存在は、農村再生の手法としても大いに注目を集めているところである。ここでいう都市農村交流とは、農村の側が身の丈を超えたサービスを提供することで、都市住民に「農村に来てもらう・魅力を感じてもらう」といった類の媚びへつらう一方通行の関係を指すものではない。農村での有りのままの各種作業や生活体験を共有することを通じて「もてなしを提供する側と享受する側とが、対等・互恵の人間的な関係に立って、相互に喜びを共有する精神性（ホスピタリティの精神）」に基

づく関係性を築くことである。経済効率主義に対峙し、持続可能な地域社会を構築する上でも、そのような精神を備えた人材の輩出が都市農村双方に期待されているのである。』（寄付講義設置申請書「背景と目的」より）。

以上のようなコンセプトに基づいて、本講義ではサブテーマに「都市農村交流によるホスピタリティ人材の育成」を掲げ、15講義を大きく5つの"視座（各視座に3講義を配置）"に分けて、**表1**のような構成でカリキュラムを編成し開講してきました。毎年試行錯誤しながらカリキュラム内容のブラッシュアップを図ってきましたが、2019年度以降（「地域づくりの理論と実践」）では、各視座のテーマもほぼ定まってきたようです。

ここで、各視座の内容を簡単にご紹介しておきたいと思います。まず、視座①「地域づくりの理論」では、持続可能な循環型社会構築のための基礎理論として"地域内再投資"視点の必要性を学び、それを踏まえて先駆的と言われる上秋津の「地域づくり」実践（地域内の合意形成・コミュニティビジネスの創出）に関する振り返りを行います。視座②「地域づくりとマネジメント」では、地域経営の視点からみた上秋津のコミュニティビジネスの展開を整理するとともに、全国的なRMO（地域運営組織）、農工商連携（6次産業化）の進展状況を概観し課題を抽出します。視座③「地域づくりと行政・農協」では、地域づくりのサポーターとして不可欠な行政・農協の役割、さ

表1　寄付講義カリキュラムにみる5つの「視座」

カリキュラム編成（「視座（3コマ）」）×5回の内容）

年度	視座①	視座②	視座③	視座④	視座⑤
2014	地域資源と循環型社会	地域づくりの実践	地域資源の活用	都市農村交流とGT	日本農業の再生
2015	地域づくりの理論	地域づくりの実践	森林・林業の可能性	都市農村交流とGT	日本農業の再生
2016	地域づくりの理論	地域づくりの実践	食と農の統合	都市農村交流とGT	日本農業の再生
2017	地域づくりの理論	地域づくりと人材育成	6次産業化	都市農村交流とGT	日本農業の再生
2018	地域づくりの理論	地域づくりと人材育成	地域資源の活用	都市農村交流とGT	日本農業の再生
2019	地域づくりの理論	地域づくりとマネジメント	地域づくりと行政・農協	地域づくりと交流・連携	地域づくりと担い手育成
2020	地域づくりの理論	地域づくりとマネジメント	地域づくりと行政・農協	地域づくりと交流・連携	地域づくりと担い手育成
2021	地域づくりの理論	地域づくりとマネジメント	地域づくりと行政・農協	地域づくりと交流・連携	地域づくりと担い手育成
2022	地域づくりの理論	地域づくりとマネジメント	地域づくりと行政・農協	地域づくりと交流・連携	地域づくりと担い手育成
2023	地域づくりの理論	地域づくりとマネジメント	地域づくりと行政・農協	地域づくりと交流・連携	地域づくりと担い手育成

資料：各年度「カリキュラム（シラバス）」

らには協同組合の現代的意義について理解を深めます。視座④「地域づくりと交流・連携」では、都市農村交流活動の展開と特徴、および関係人口創出に果たす役割について検討するとともに、農村移住や地域資源を活用した起業の動向と課題を明らかにします。そして、最終の視座⑤「地域づくりと担い手育成」では、地域サポート人材として期待される"地域おこし協力隊"の実態や農業の担い手確保をめぐる新たな動きを踏まえたうえで、地域と大学との連携による次世代の担い手創出の意義について考えます。

表2は、最終の2023年度に開講された「地域づくりの理論と実践」各講義のテーマを示したものです。各視座を構成する3つの講義は、土曜日の午後から2コマ、日曜日の午前中に1コマと二日間に分けて開講され、1コマあ

表2　2023年度「地域づくりの理論と実践」カリキュラム

〈視座①：地域づくりの理論〉2023年5月20日〜21日			
講義	【01】地域づくりの経済学 〜地域内投資力論 岡田　知弘 （京都橘大学・現代ビジネス学部）	【02】地域づくりと合意形成 〜「秋津野塾」に学ぶ 木村　則夫 （株式会社　秋津野）	【03】地域づくりと コミュニティビジネス 細野　賢治 （広島大学・生物生産学部）
〈視座②：地域づくりとマネジメント〉2023年7月22日〜23日			
講義	【04】地域経営の考え方 八島　雄士 （和歌山大学・観光学部）	【05】地域経営と6次産業化 秋竹　俊伸 （株式会社　早和果樹園）	【06】地域運営組織の実態と課題 有田　昭一郎 （島根県中山間地域研究センター）
〈視座③：地域づくりと行政・農協〉2023年10月7日〜8日			
講義	【07】総合農協の現状と課題 小林　元 （日本協同組合連携機構）	【08】農協青年部活動が 目指すもの 中早　大輔 （和歌山県農協青年部）	【09】協同組合の現代的価値 岸上　光克 （和歌山大学・経済学部）
〈視座④：地域づくりと交流・連携〉2023年11月11日〜12日			
講義	【10】都市農村交流と関係人口 藤田　武弘 （追手門学院大学・地域創造学部）	【11】新たな田園回帰と農村移住 阪井　加寿子 （和歌山大学食農総合研究センター）	【12】移住者からみた地域づくり 佐々木　彰生 （アンフィ合同会社）
〈視座⑤：地域づくりと担い手育成〉2024年1月27日〜28日			
講義	【13】農業後継者の現状と課題 柳村　俊介 （摂南大学・農学部）	【14】域学連携における 人材育成と地域づくり 大浦　由美 （和歌山大学・観光学部）	【15】地域サポート人材の 役割と課題 図司　直也 （法政大学・現代福祉学部）

たり「講義：90分、質疑応答：15分、リアクションペーパー提出：15分」の時間配分で主任講師が司会進行役を務めます。旧上秋津小学校の木造校舎を活用した「教室」に、大学生・社会人・運営スタッフ併せて30〜40名が所狭しと座り、活発に意見交換するさまはなかなかの圧巻です。また、各視座初日の夕方には、担当講師にもご参加頂き、運営スタッフと受講生との夕食交流会を開催するのが常ですが、ときには深夜に及ぶまで時間を忘れて議論が白熱することもありました。世代を跨いで侃々諤々語り合う、この至福のひと時も、地域づくりを進める上で重要な学びの要素なのかも知れません。

2．寄付講義10年間の成果

表3は、2014年度から2023年度までの10年間、寄付講義に参加した受講生（大学生等・一般受講生）と運営スタッフ（大学教職員・地域住民）の数を、経年的にまとめたものです。開始当初は32名でスタートした受講者数は、途中コロナ禍で開催が危ぶまれたものの、最終年度までに「大学生・大学院生」のべ209名、「一般受講生」のべ135名、合計344名の参加を得ることができました。そして、注目すべきは各々のリピーター受講者数で、「大学生・大学院生」は81名（リピーター割合：38.8％）、「一般受講生」では58名（同：43.0％）となっています。

さらに、表4は、大学生・大学院生時代に寄付講座を受講し、さらに卒業（修了）して社会人になってからも継続受講した経験をもつ10名の受講生の参加状況とその後のキャリアパスを示したものです。キャリア別の内訳は、

表3　寄付講義の受講者数（2014 – 2023：属性別）

属性/年度	「地域づくり戦略論」					「地域づくりの理論と実践」					合計
	2014	2015	2016	2017	2018	2019	2020	2021	2022	2023	合計
学生・院生	24	21 (14)	33 (18)	27 (15)	21 (12)	25 (08)	10 (06)	14 (04)	15 (02)	16 (02)	209 (081)
一般受講生	8	20 (05)	20 (05)	20 (05)	9 (06)	18 (11)	13 (09)	10 (08)	12 (05)	5 (04)	135 (058)
教員・地域	14	16 (11)	13 (11)	15 (11)	13 (11)	11 (10)	8 (08)	6 (08)	8 (08)	7 (07)	113 (085)
合計	46	57 (30)	66 (34)	62 (31)	43 (29)	54 (29)	31 (23)	33 (20)	35 (15)	28 (13)	457 (224)

資料：各年度「受講登録名簿」（カッコ内の数値は継続受講者数）

表4　寄付講義の継続受講者（学生＋社会人＝4回以上）のキャリアパス

受講回数	継続参加歴とキャリアパス							
①TMさん（7回）	2年	3年	4年	M1年	M2年	一般	一般	研究：農研機構（つくば）
②IOさん（7回）	2年	3年	4年	一般	一般	一般	一般	研究：農研機構（東北農試）
③NRさん（7回）	3年	4年	M1年	M2年	一般	一般	一般	研究：島根県中山間地域研究センター→追手門学院大学
④SMさん（5回）	3年	4年	一般	一般	一般			行政：和歌山県庁（農学）
⑤AYさん（5回）	2年	3年	4年	一般	一般			農協（営農）→企業（園芸）
⑥KHさん（5回）	2年	3年	4年	一般	一般			農協（理事）
⑦YAさん（4回）	3年	4年	一般	一般				行政：和歌山県庁（一般）
⑧STさん（4回）	3年	4年	一般	一般				農協（営農）
⑨UKさん（4回）	M2年	一般	一般	一般				行政：和歌山県庁（一般）
⑩FIさん（4回）	M1年	M2年	D1年	D2年	講師	講師	講師	教育研究：和歌山大学→大阪商業大学

資料：主任講師調べ

　農業・農村を対象とする研究職が4名、自治体職員（行政一般・農学専門）が3名、団体職員（農協）が3名となっており、まさに農的「関係人口」として農業・農村、そして地域を支える仕事を選択していることが窺えます。なかには、大学院修了後に教育研究職を得て、今度は寄付講義を提供する側（講師）として"戻って来る"受講生も誕生するなど、まさに人材育成の好循環ともいうべき事例を確認することができます。

　なぜこれほど多くのリピーター受講者が存在するのでしょうか。各年度に提供される視座や講義の内容は大きく変化するわけではありませんので、きっと同じ内容の講義を何度受講しても、受講者自身の成長や仕事を通じた当事者意識の高まりによって、理解の深さが変わり、毎回新たな発見や学びがあるということではないかと考えています。裏を返せば、それだけ内容の濃い講義が提供されているということの証であるともいえそうです。

3．域学連携への期待と大学の役割

　多様化・複雑化する現代社会において、地域課題の解決に資するために大

学に期待される役割は、教員個人の専門的知見（知的シーズ）や研究成果を社会に還元するというのみに留まりません。社会人にも広く門戸を開き"リカレント教育（学びなおし）"の機会を提供することや、次世代を担う学生という人的資源を教室の中だけではなく、地域社会と連携・協働しながら育成するという視点が極めて重要となっているように思います。

　いま、各地の農山村においても、都市での仕事を通じて人的ネットワークを培ったU・Iターン者や、地域おこし協力隊に象徴される若者・よそ者などの外部サポート人材を、地域社会の新しい担い手として能動的に受け入れようとする考え方（新しい内発的発展）が拡がりつつあります。実際に、彼らの存在が、地域資源を活用した農業・農村の「6次産業化（農工商連携）」の推進力となり、雇用や税収が地域内部で還流する「地域内再投資力」を高めることにも繋がるといった事例も見受けられるようになったことは注目すべき点かと思います。

　実際に、上秋津での学びを通して、ふるさとの再生に熱い思いを抱いて入学してきた若者が、地域社会が直面する現状や課題を「他人ごとではなく自分ごととして受け止める（当事者意識を持つ）」ことのできる人材として成長し、地域づくりを推進する「関係人口」として活躍し始める姿を私たちは何度も目の当たりにしてきました。また一方で、忖度のない若者たちの"まなざし"をきっかけに、自らの日常生活や地域社会の当たり前の中に潜む価値に"気づき"を得た（交流の「鏡効果」）地域住民が、変化を恐れずに既成概念を打ち破ってゆく姿にも接してきました。

　ただし、このような両者の関係性が培われるまでには、相互の信頼に基づくギブ＆テイクの関係構築が不可欠であることは言うまでもありません。その意味で、次々と入れ替わっていく学生たちと地域とを継続的に繋ぎ合わせる教員（大学）の役割は極めて重要だと考えます。本書が、域学連携活動の醍醐味に関する学内外での議論を喚起する一助になればと期待してやみません。

〈参考文献〉
○藤田武弘「寄付講義「地域づくり戦略論」で人材育成」(地域活性化センター『地域づくり―特集:地域づくりの人材育成―』所収、pp.20-21)、2015年。
○藤田武弘「まえがき」(藤田武弘編『地域に学び、地域を創る』所収、追手門学院大学出版会)2024年。

〈コラム1〉
地域づくりの学びへの期待―それは楽しく、そして役に立つ―
和歌山大学名誉教授　橋本 卓爾

　和歌山県田辺市上秋津において地域住民と大学とが協働して地域づくりについて学ぶ取り組みが始まったのは、私の記憶によればかれこれ20年も前のことです。爾来、学習会の名称等に変更はありましたが、実施主体とテーマはぶれることはありませんでした。このように長期間同一地域で地域づくりの学習会が継続して行われてきたこと自体特筆すべきことです。掛け値なしに素晴らしいことです。幸い私はこの学習会に長期間にわたって関わらせていただきました。現役を退いた今でも、この間の地域づくりの学びが思い出深いものとなっています。以下、この関わりの中で実感したことについて述べてみたいと思います。

　まず、最初に強調しておきたいことは楽しかったことです。学習会には、年齢、職種、性別等が違う受講生が少ない時でも30名程度、多い時には40～50名参加していました。私は、多くの場合講師として参加していましたが、受講生になる場合も多々ありました。学習会には、地域経済や農業・農村問題の第一級の研究者のみならず各地の地域づくりをリードしてきた実践者、地方公共団体・農業団体の役職員、農業者等々多彩な方々が講師を務めてきました。これらの方々の生の声を聞くことが出来るのですからありがたい限りです。

　しかも、学習会は2部に分かれており、第1部が教室での座学、第2部は夕刻からの飲食をしながらの交流会となっていましたから、この交流の場で講師に対して気軽に質問したり、参加者同士が地域づくりについての意見交換が出来ました。座学の時には精彩を欠いていた人が第2部で目を輝かせて議論する風景が思い出されます。やはり、学習会も含めそれが長く持続していくためには"楽しいこと"が必要不可欠です。

第2点目は、参加者それぞれが「自分ごと」として地域づくりを学んだことです。少し難しい表現を使えば「当事者意識」を醸成したことです。学びを重ねるに従って地方公共団体・農業団体の関係者はもとより、学生たちも受け身ではなく、地域づくりの当事者として学習会に参加するようになりました。最初は「お客さん」的な人もいましたが、講義が進むに従って次第に受講態度が変っていきました。それは、学びが深化するとともに地域づくりに対する関心や興味が増殖していったからだと思います。とくに、単位をとるための授業や業務に必要な項目だけの機械的な研修の受講を余儀なくされてきた学生や地方自治体職員にとって幾多の困難を乗り越え楽しみながら地域づくりに取り組んできた実践者や理路整然と地域活性化の必要性を説く研究者の話が身近に聞ける学習会は、「目から鱗が落ちる」場だったからです。

　第3は、学習会が学ぶことで終わりでなく、参加者・受講者を次のステージに踏み出すための背中を押しています。いわば、学び、考えるだけでなく実践する人・行動する人に進化させています。

　長期にわたって行われた学習会に参加した人数は、おそらく数百人、いやそれ以上だと思います。これらの人々の学習会後の足跡を正確に把握することは出来ませんが、私の知る限りでも地元住民の方は地域の活性化活動に磨きをかける、地方公共団体の人は職場に帰って有能な職員として活躍する、退職後NPOを立ち上げる、ある学生は実家の農業を継承して地域の農業の活性化に貢献する、あるいは地方公共団体・農業団体に就職する等々、それぞれが地域づくりの担い手や支え手として活躍しています。

　また、居住地を異にする多くの人たちが年齢・職種等の違いを越えて学び、議論し、交流する機会を持てたことは、地域間・世代間・異業種交流を促進する上でも看過できない役割を果たしています。よく、「地域づくりは人づくり」だと言われていますが、まさに地域づくりの学習会は地域の活性化を目指して行動する人を作り出すとともに、それらの人々の交流と連携も生み出しています。

　もう一点付け加えておけば、社会人の学び直しの場としても大きな役割を果たしました。学習会には地元田辺市だけでなく広く県内外からも社会人がかなり参加してくれました。高齢者の参加も少なくありませんでした。こうした方々が、自己研鑽や学び直しの場として学習会に参加することは、学習会をレベルアップするとともに、これらの方々の知識・経験を若い世代に継承していくうえでも大きな意義があったと思います。

以上、思いつくままに実感したことを述べてきましたが、地域住民が主体となり、それに大学や地元自治体が参加・協力して地域づくりのための学習会を継続的に実施していくことは、今後ますます重要になっています。こうした学習会が各地域で地域の実態に即した形で広がっていくことを願っています。

〈コラム2〉
"イーハトーブを我が里に"　私の地域づくりの原点
原 和男（紀州原農園）

　なにものかに追い立てられるように夜汽車に飛び乗った。昭和38年のことだ。私は22才、来春農業の良き理解者である彼女との結婚も控えていた。

　東北の厳しい自然の地で農業に寄り添い、労苦も共にし、その幸せを願い続けた賢治の心、作品の中に繰り返し出てくるイーハトーブとはどんな世界なのだろう。

　賢治の里をこの目で確かめたい、リュック背負っての一人旅でした。

　夜は駅舎のベンチで横になり、わんこそばで腹を満たし約1週間、賢治ゆかりの地をまよい歩いた。

　松の木の下にひっそりと立つ「雨ニモ負ケズ」の碑、北上川畔のイギリス海岸、小岩井農場。

　9月21日何知らず賢治の生家を訪ねた。奇遇にもその日は賢治の命日。31回忌が営まれていた。多くの縁者の輪の中に入れてもらい賢治の仏前にも手を合わすことが出来た。

　その縁で弟清六さんとは長く交友頂く仲になり、賢治はより身近に感じるようになった。

　イーハトーブとは賢治が目指した夢の国、理想の里、賢治の造語である。私の農業人生の大きな指標となった。

　「モノやお金ではない家族は力を合わせ村人は痛みを分け合い助け合う豊かな心歌があり踊りがあり笑いがある農村」私の地域づくりの原点はここにあると思っています。

　平成の世になっても農村もまだまだバブルが続いており、ミカンや梅も作れば売れる豊かな時代でしたが、農業や農村の明日に不安を感じた40代50代の仲間が話し合いを重ね、まったくの自主組織で「上秋津を考える会」を38

名で立ち上げたのが平成元年。

　高尾山スカイパーク、辺谷農村公園、高雄山登山マラソン、盆踊りの復活等予算も行政に多くを頼らずポケットマネーも出し合いながら、活動も軌道に乗っていたがより地域の力を結集出来たらとの願いから町内会や愛郷会、農協、婦人会、PTA等24の各種団体の意見の一致を得て「秋津野塾」を結成。活動の輪がより広がって行きました。

　そうした中平成8年思いもよらぬ農水省主催　豊かな村づくり部門で、全国で唯一、近畿初の「天皇杯」の栄光に輝きました。

　各地から視察や研修、講演依頼も相次ぐ様になり、その一つに和歌山市のビックホエールでフォーラムが開催されコーディネーターを務めておられた橋本卓爾教授との出逢いから和歌山大学との交流が急ピッチで始まりました。

　当時は大学の教授と背を並べて話し合いができるとは思いもよらない事でしたが、話し合いを続ける内「地域づくり学校」が立ち上がりました。

　当初の和大の先生方は橋本、堀内、神吉、鈴木教授が中心でほかにも多くの教授の教えをいただき、20年余りも続く内先生方も世代が代わり藤田、大浦、岸上、西川教授の皆さんが足しげく訪れてくれました。又ほかに個性豊かな教授たちとの交流も素晴らしい思い出です。

　地域づくり学校は、北は北海道長沼町、南は九州大分県大山町の方々等全国各地から男女を問わず年代も70代から学生迄バラエティに富み、毎回少ない時でも30名余り時には教室があふれる時もありました。

　そして何と云っても楽しかったのは交流会と称しての一杯会。

　初めのころは宿泊施設もなく、先生方も講習者学生さんも3名前後各農家へ分散宿泊。各々の家庭で話し合いや情報交換、二次会も楽しみの一つでアルコールが入り本音、大事な話楽しく多くの事を学びました。その中で元気の良い地域には農産物直売所があるとの話が盛り上がり平成11年、紀南地方での先駆けとして直売所「きてら」を開設。駐車場は県道の側、35万円の中古のプレハブ、初年度の売上金額は1050万円でしたが、時代の風を受けて年間1000万円ずつ売上金を伸ばし、会員の出資で現在の地で移転したのは平成15年5月の事でした。

　ミカンジュースの加工場も三重県の工場を参考にしながら会員の出資によって果汁搾り機を米国から購入し、生ジュースも大好評です。

　特筆すべき事は地域の戸数が、かつての約600戸が現在約1050戸と大幅に増加し小学校が手狭になったこと。当時は地価も高く場所も二転三転、難産

の末、移転となりました。旧校舎を解体して土地を売却するとの市の姿勢はかたくなでしたが、和大の先生方にも加わって頂き旧校舎活用検討委員会を立ち上げ、各地の視察、地区内10地区で懇談会を開く等話し合いを続ける等して一応の合意を得ました。地区内外から480余名5000万円近くの出資金を得て、平成18年「秋津野ガルテン」開設の夢が実現出来ました。

　この陰にも秋津野に新しい風を吹かせて頂いた多くの和大の先生方、地域づくり学校の果たしてくれた役割は計り知れなく大きいと思います。

　それに2年余の年月をかけた地域の調査を鈴木先生がまとめられ発行した「秋津野未来への挑戦」は、過去から現在迄の全貌や歴史文化伝統等の掘り起こし、上秋津を知る上での貴重な冊子となっています。

　その後も太陽光発電4基稼働、水不足で問題も抱えていますが、未来への挑戦の小水力発電、放任園を少しでも無くそうとの"ゆい"の取り組み等とどまることを知りません。

　近年、異常気象、政治の貧困。人口減、少子高齢化、特に都市と農村の格差の問題等日本の姿も大きく変わりつつあります。

　特に農業農村はかつてない大変な時を迎えていると感じます。

　理想と現実の狭間、そのたびに私が口ずさむのが「雨ニモ負ケズ」の詩です。

　夢や理想を抱きながらも、その様に生きることが出来ず悩み続けた賢治の心により親しみがわきます。

　私もあっと云う間に84才。良き妻、良き家族、良き仲間たちに恵まれ、大好きな田舎で大好きな農業人生、本当に幸せでした。唯一残念なのは一昨年2月最愛の妻を亡くした事です。月日がたっても悲しさ寂しさはぬぐい去る事は出来ません。けれど日々の暮らしに農作業に、そして旅する時にも四国88カ所巡礼の様に同行2人、いつも一緒にと家族や仲間に支えられながら懸命に今日を生きています。

　賢治の童話「銀河鉄道の夜」は、川に落ちてなくなった少年とその友人が銀河鉄道で星座を旅する物語ですが、"イーハトーブを我が里"には遥か遠い霧の彼方かも知れないけれど、銀河鉄道の旅人になるまで夢の又夢を追い続けようと思っています。

　今夜も星が綺麗だ。

令和6年10月記

〈コラム3〉
刊行に寄せて
宮浦　恭子（江頭財団理事・前事務局長）

　手元にある和歌山大学関連の一番古い資料は、2007（H19）年の『和歌山大学経済学部観光学科開設記念式典「観光学国際シンポジウム2007」観光を科学する』のパンフレットです。

　2003（H15）年に国が観光立国を宣言したことと、2004（H16）年に国立大学が法人化され基盤強化を必要としていたことが相俟って、国立大学に観光学部が出来る機運が醸成され、和歌山大学の関係者の方から当財団の役員宛てに、新設観光学部に関連したお声かけがあったそうで、これが和歌山大学と当財団が知り合うきっかけとなりました。

　私共はホスピタリティ産業の振興を目指して助成を行う団体で、外食産業や観光産業、医療・福祉産業と言った分野の優れた研究者の情報を常に探っておりますので、観光立国宣言以来日本全国に設立され始めた「観光」を冠する学部学科のどこをパートナーとして選ぶべきかと考えている時期に、願ってもない情報でした。

　さっそく、経済学部に観光学科が開設された2007（H19）年には、観光学科長川端先生、研究担当藤田先生による「地域食材の優位性を活かした滞在型グリーン・ツーリズムの展開方策に関する研究」への助成を始めることになりました。

　当初はこのように「食」がキーワードとなる"研究に対する助成"でしたが、2013（H25）年に、何故私どもをパートナーとして選んでいただいたのかはわかりませんが、一つの講義を丸々応援する機会を頂けることになりました。6月に「和歌山大学寄附講義規程」制定、10月に「寄附講義申請書」提出、11月に「寄附講義受入」書受領と、あっという間に大学側の態勢も整い、2014（H26）から『地域に学ぶ人づくり～「地域づくりの理論と実践」』が始まりました。

　この講座は「地域再生学科」に属するため、私共の得意分野の「食」とは毛色が違い、また「観光」が「学」足りえるのかという私自身の疑問も加わって、当初はやや不安な気持ちで助成を開始したように記憶します。

　国が観光立国宣言をしたことは、すなわち観光産業に役立つ人材育成が必要とされることを意味しますが、観光産業にどう役立つのか。玉石混交の観

光学部・学科の中には運輸系の専門学校並みの内容のところもあれば、宿泊業系・旅行業系を重点とする内容の大学もあるなかで、農学系・社会学系にやや重なる「地域（の宝）を磨く」という視点が、「食」と重なって期待が膨みました。

　国の光を見るのが観光、その光の一つに「食」があり「人」があり、食の源は農であり、地域でありそこに暮らす人である。この講座の軸は、応援していた10年ぶれていなかったように拝察いたします。

　そして、この講座から着々と人材が育って行きました。一見すると観光産業とは思われないが、しかし地域の観光を支える多様な職場に学生が散って行き、花を咲かせ始めていることが、毎年頂戴する厚さ2センチになろうかという報告書から見て取れます。

　これは、既存の観光産業が必要とする技を学んだのではなく、観光を「学」問として学び、自ら考え、課題を解決しようとする力が育くまれた証拠です。人がそこで輝いて生きる「地域の人財」となったと評価しています。

　主任講師をお努めになった藤田教授の情熱と志、日本中からお越し下さる選りすぐりの講師陣、そして藤田教授と大浦教授のコンビネーション、秋津野ガルテンの元小学校を教室とする環境、玉井前社長、木村現社長はじめとする上秋津を支える沢山の高い志をもつ人々、すべてが相俟って素晴らしい講座となり、この講義を当財団が微力ながら10年間応援することが出来たことを、心から有難く思っております。

　それにしても、講義への参加を半ば強制され、参加すれば「スポンサーがチェックに来ているからしっかり勉強しろ」と藤田先生が学生さんにアナウンスされるお陰で皆さんからは白い目で見られ、突然意見表明や挨拶を振られ、と本当に得難い経験をさせていただきました。

　なにより、この講義を聴講できたおかげで、観光学の何たるかを、そして観光立国の本意を私自身が学ぶことが出来、観光学研究に対する評価の基を得ることが出来ました。ありがとうございました。この講座を通して知り合った全ての皆さんの、ご活躍をお祈りします。

第Ⅰ部

地域づくりの理論と上秋津

〈写真解説〉
○左上：コロナ明け久々の対面講義
　　　　（2022年度第1講：岡田講義）
○右上：空から見た田辺市上秋津
○左下：直売所「きてら」店内

第1章
地域づくりと地域内再投資力

岡田 知弘（京都橘大学）

はじめに

　今、日本の多くの地域の住民が、産業や社会の衰退に悩んでいます。打ち続く地震や水害、コロナ禍といった災害が、それに拍車をかけています。とりわけ住民の減少や高齢化が進行し、「自治体消滅」論などが声高に指摘されるなかで、自ら住む地域をどのように「活性化」し、持続可能な地域にしていくかを考えている人も少なくありません。他方、一見「活性化」し、豊かそうな大都市都心部でも、地域の持続性が失われてきています。京都市内ではインバウンド観光客向けのホテルなどの乱立によって地価が高騰し、住み続けることができない地域が広がっているのです。

　さて、そのような「持続可能性」の危機にある地域をどうしたらよいのでしょうか。ここでは、とくに農山漁村地域の「地域づくり」について、地域経済学という分野から考えてみたいと思います。

　「地域を活性化するには、道路や港、空港を整備して、企業を誘致したらいい」と、戦後の日本では常識のように言われてきました。しかし、実際に、そのような手法によって、持続可能な地域が生まれた例は、見たことがありません。工場が誘致されたとしても、長続きはせず、そのうち撤退してしまう例が圧倒的に多いのです。その「企業」は、工場だけでなく、大型店、カジノなどにも広がっていきますが、同様のことがいえます。

　それはなぜなのでしょうか。この失敗から学べば、逆に持続可能な地域をつくっていくための経済学的法則性が見つかるのではないかと私は考えます。その中心的な概念が「地域内再投資力」です。地域のなかでこれを育成することこそ、最も大切なことではないかと考えます。本章では、このことにつ

いて、事例も紹介しながら、説明していきたいと思います。

1．「地域」とは何か

(1)「人間の生活領域としての地域」と「資本の活動領域としての地域」

　ところで、これまで「地域」という言葉を、なにも定義せずに使ってきました。しかし、読者の皆さんは、これまで「地域」という言葉を聞いて、それぞれ違う広がりを頭に描いてきたのではないでしょうか。例えば、自分の住んでいる集落や町内という広がり、市町村という基礎自治体の広がり、都道府県といった広域自治体の広がり、日本のような一国の広がり、そして東アジアのような複数の国が集まった広がりといったように。確かに、日常用語としては、どれも「地域」という言葉を使います。

　しかし、地域づくりや地域政策を実践するには、どの広がりを対象にするのかということをはっきりさせる必要があります。そこで私は、次のように整理してみました。

　人類の歴史を遡って、最も古い人間社会の活動領域を探っていくと、集落の範囲に行きつきます。生物体としての人間は、生きていくために大自然に働きかけ、そこからえた農林水産物を衣食住の生活手段として消費、加工して、その廃棄物を自然に返すという物質代謝を繰り返してきました。これが人間本来の経済活動です。この広がりを「人間の生活領域としての地域」と呼びます。それは、具体的には人間が歩いて暮らせる範囲であり、半径500m圏程度です。実は、現代の後期高齢者の皆さんの活動範囲も、平均半径500m圏で生活しているといわれており、原始時代から現代まで通貫する普遍性をもつといっていいでしょう。

　他方で人類は、貨幣を生み出します。日本では7〜8世紀頃です。これによって、空間の制約を超えた商品の交換が可能となります。それが爆発的に広がったのが、明治維新下での資本主義の時代においてでした。国内市場は統一され、海外とも貿易が可能となりました。その主体は、会社を担う資本であり、その資本の活動は、現代ではグローバルな領域に広がり、海外に現

地法人や販売拠点をもつようになっています。このような地域の広がりを、私は、「資本の活動領域としての地域」と呼んでいます。

つまり、資本主義社会においては、「人間の生活領域としての地域」と「資本の活動の領域としての地域」が絡み合いながら存在しているといえます。資本の経済活動は、最初は狭い範囲から始まりますが、そのうち県の領域を超えて一国規模になり、さらに一国規模も超えて国際的な範囲になっていきます。1980年代半ば以降は、グローバルな地球規模で活躍する多国籍企業がどんどん生まれるようになりました。

このような資本の活動領域の広がりに対応して、人間社会の政治機構も整備され、市町村、都道府県、国、国際機構、国連という形で階層性を帯びるようになり、前述のように多様な広がりをもった「地域」という言葉が日常用語として生まれてきたといえます。また、世界は、人間社会の初めから存在しているわけではありません。最初にできたのは人間の生活領域としての地域であり、それは自然と一体的な人間社会です。その地域の広がりの持続可能性なくして、一国経済も世界経済も存在できないのです。

(2) 経済のグローバル化と「地域」を形成する経済主体

そうなると、経済のグローバル化が進む中で、「地域」をどのような立場と視点からとらえるかが、重要になってきています。例えば、グローバル競争を繰り返す多国籍企業の視点から見ると、自らの企業の利益ができるだけ多くなるように、税金や賃金水準が低く、かつ多くの補助金が準備されていて、国際空港や港湾、高速道路網が使いやすい「地域」になることを望みます。その典型が、財界団体である経済団体連合会が1997年に政府に提言した「グローバル国家」論です。

しかし、多国籍企業が活動しやすい国家像となると、すべての地域が企業の立地対象になるわけではありませんし、それらの企業を誘致するために地方自治体が住民へのサービスよりも企業活動に対して財政を投入するようになったり、大規模開発がしやすい広域合併自治体が求められてきます。そう

なると周辺地域の衰退も起こってしまいます。「平成の大合併」についても、先ほどの経団連が2000年に要望しているところでもありました。

　しかも多国籍企業が立地しやすいということは、撤退もしやすいことにもつながります。工場の撤退問題は、まずアメリカ北部の自動車産業地帯で起こり、工場閉鎖と大規模な解雇が相次ぐことにより「産業空洞化」問題と呼ばれることになりました。これは、その後、ヨーロッパや日本でも現れ、日本ではとくに大阪の造船業や家電工業地帯で深刻化しました。多国籍企業は、より高い利益を求めて海外の「地域」に移って行きますが、残された人間の生活領域である「地域」では仕事も所得も消失し、生活保護率が高まる「産業空洞化」問題を生み出したのです。

　さらに、日本では、1986年の前川レポートのように、日米貿易摩擦を解消するために、貿易黒字の圧倒的部分を占めた自動車と家電工業の海外移転を推進する一方、貿易黒字の原因でもなかった農林水産物、鉱産物、繊維品や木工家具類の中小企業製品の積極的輸入政策を、中曽根康弘政権以後継続的に推進してきました。これらの地域産業は多国籍企業の海外進出のための取引材料として犠牲になったといえます。商店街についても、大型店規制がアメリカからの要求で緩和、廃止されるなかで、一気に衰退していくことになりました。

　多国籍企業はグローバル化によって地球規模で利益を確保することになりますが、人間の生活領域としての地域は、どうでしょうか。海外進出した企業の日本国内の工場が閉鎖・縮小することにより、産業空洞化が進行するだけなく、国際通商協定によって輸入促進政策がとられた農林水産業や地場産業が衰退し、災害のリスクも高まります。さらに地方自治体の合併によって周縁部の生活条件が弱体化し人口減少に拍車がかかり、能登半島地震で典型的に表れたように、自治体職員が削減されたことで災害対応能力も格段に落ちることになってしまうわけです。

　そもそも、基礎自治体の広がりでの地域経済をつくる主体は誰でしょうか。統計をみるとすぐわかりますが、多国籍企業のみで作られている自治体は豊

田市も含めて存在しません。基本的には、どの地域も多様な業種からなる中小企業が圧倒的部分を占め、それに農家や協同組合、非営利団体、さらに地方自治体で働く人々を加えると、地域の就業先の大部分を占めています。日本平均でも、中小企業が全企業に占める比率は99％であり、そこで働く人々の数は全体の70％を超えます。これらの経済主体が毎年、予算を組んでそれを投下して、雇用を生み出し、さらに商品やサービスを調達し、新しい商品やサービスを販売して、経営者の利益や雇用者報酬、税金の原資となる販売利益を得る活動を繰り返しています。これを地域の再投資活動といいます。ある地域における全体としての投資額（力）が、地域内再投資力です。貨幣面での総投資額を支えているのが、商品を生産する技術、商品の魅力、販売力等々の質的な再投資力です。その詳しい説明は、もう少し後で行うことにします。

　一方、地域のなかには、誘致した企業や国や県の出先機関もあります。誘致した企業も地域内再投資力の担い手になるのなら、どんどん誘致すればいいのではないかという考えも浮かびます。次に、この点について、検討してみたいと思います。

2．地域を「活性化する」、「豊かにする」とは、どういうことか

(1) なぜ、従来の大型公共事業＋企業誘致型地域開発政策は失敗したのか

　まず、地域を「活性化する」、あるいは「豊かにする」とはどういうことなのでしょうか。先ほど、地域の概念を整理してみましたが、ここでは基礎自治体の広がりで考えてみるとわかりやすいと思います。例えば、市長選挙などで、「地域を活性化するために企業誘致をすすめます」というフレーズは、よく聞きます。

　しかし、少し立ち止まって考えると、このフレーズには、よくわからないところがあります。「地域」というのは、前節でみたように多様な広がりをもっています。でも、どの広がりも、地球上のある一片を切り取った面にしかすぎません。その地球上の一片が、「活性化する」といっても、自然科学

的に言えば地震などの地殻変動が活発化するということになりますが、それは想定していないでしょう。より正確に表現すれば、その地片に住む住民の生活が量的・質的に向上するということを意味しているはずです。あくまでも人間としての住民が主人公であることを、まず理解しておく必要があります。

　日本では、高度経済成長期以来、国も地方自治体も「大規模公共事業を行い、企業誘致をすれば、地域は活性化する」と繰り返し言ってきました。今は、カジノを誘致すれば、地域は活性化するという言い方もされています。しかし、そのような政策によって地域は活性化したのでしょうか。実は、ほとんどの地域では、時間の経過とともに誘致した企業が縮小あるいは撤退して、地域の衰退が目立ちます。あるいは、企業誘致に失敗した地域も少なくありません。

　それはなぜでしょうか。そもそも大規模公共事業を導入できたとして、どのような企業が工事を受注するのでしょうか。答えは、明白です。東京に本社を置くゼネコンであり、開発地域にセメントとか製鉄所が鉄鋼とかを供給するのは、東京に本社を置いたセメントや製鉄メーカーです。したがって、多額の借金をしながら、大規模公共事業をやったとしても、その経済的果実は本社、そしてその多くが存在する東京都に行ってしまうわけです。結果、地元には自治体の借金しか残らないことになります。

　さらに、誘致しようとした企業の工場や事業所、お店が立地してくれれば、少しは雇用が増えるかもしれません。でも、立地しない場合もあります。工場や支店が立地したとしても、そこで稼がれた所得の多くは、東京にある本社に移転されていくことになります。**図1**は、都道府県別にみた県内総生産額の比率と、法人所得の比率を描いたグラフです。これによれば、東京都は国内総生産額に占める比率は約20％程度です。これに対して、法人所得は2021年度で49％以上占めており、20年前よりもその比率が高まっています。生産額以上の法人所得はどこから来るのでしょうか。海外の現地法人等からの所得移転分もありますが、圧倒的部分は、国内の各地に展開している分工

第Ⅰ部　地域づくりの理論と上秋津

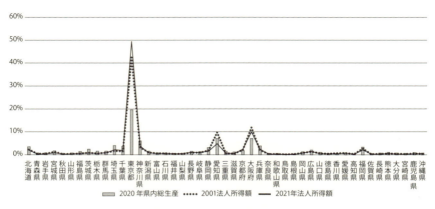

図1　法人所得の東京都への集中（2021/22年）
出所：内閣府「県民経済計算年報」2021年度版、国税庁「法人税統計」2022年度版。

場や支店等から本社に移転されてくる所得なのです。大阪府や愛知県は、わずかの比重しか占めていません。生産額以上の東京都への法人所得の集中を地域経済の不均等発展と呼びます。

（2）地域内再投資力を高めることで住民ひとり一人の生活が向上する

　では、「地域が活性化する」「豊かになる」とはどういうことなのでしょうか。改めて考えてみると、やはり「その地域に住む住民一人ひとりの生活が向上すること」だといえます。

　立派な道路や建物ができても、あるいは最先端の工場やカジノが立地したとしても、その周辺に住んでいる、一人ひとりの住民の生活が向上しなければ、「地域が活性化」したとは言えません。

　では、そのような事態にならないような方法はないのでしょうか。言い換えれば、地域経済が持続的に発展するための決定的な要素は何でしょうか。それが、前述した「地域内再投資力」なのです。この言葉を初めて聞いた方も多いと思います。来るかどうかわからない企業を誘致するために多額の予算を補助金として投下する前に、足元の地域経済を担っている主体を見てもらいたいと思います。地域内で繰り返し投資をする力をもつ経済主体が、足

24

元の地域にはたくさん存在しています。前述した中小企業や金融機関、商店、農家、協同組合、NPOがあります。そして地方自治体も、営利を目的にはしていませんが、毎年予算を組んで投資を繰り返しています。これらの経済主体が毎年お金を地域に投下して、雇用やモノ、サービスを調達し、それらを結合して新しく生み出した商品やサービスを販売することでお金に換え、その一部を税金として地方自治体や国に渡していく。このような再投資活動を地域経済の中で繰り返しているわけです。地方自治体は、投資主体のひとつではありますが、その地域経済の果実を受け取ることで成り立っている政治組織でもあります。しかも、その主権者は、住民自治という言葉に象徴されるように住民なのです。

　だとすれば、地域内の経済主体の一つひとつが、投資をする力を量的・質的につけていくことが大事だということになります。量というのは投資の金額であり、自己資金だけではなくて、補助金、融資、最近のクラウドファンディングもあります。投資の量的拡大を図るためには、経営の質が高くなければなりません。ものづくりでいえば技術力がある、あるいは農産物でいえば美味しいものができるとか、あるいは冷害に強いといった品種改良の力も入ります。さらに小売業やサービス業であれば、人と人との関係性を大事にして、顧客が維持されている。福祉も同様です。これらの経営力を含めて、地方自治体として、系統的に育成していくということが大切だということになります。

　中小企業振興基本条例というものがあります。地方自治体が中心となり、個々の地域経済を担っている経営体の技術力や経営力を高めていく。そして販売力を高めることで、全体として毎年投資をする力ができてくる。そうしたら雇用、所得で税源も培われていく。その際の一つの重要な手段として、地域内での取引網を太くすることが大事です。これが地域内経済循環であり、地域内での資金回転が多くなれば、それだけ生産し、実現する経済的価値が増加します。

　企業誘致政策でハイテク企業だけが稼いでも、その周辺の地元企業と取引

しなければ何の効果もありません。ところが地元の農産物を地元で確保し、地元の商店で売っていけば多くの住民が関係してきます。しかも中小企業の関係、農家の関係で生きている人が、住民の8〜9割となれば、立地するかどうかわからないハイテク企業のために数百億円の補助金を積むよりも、はるかに速攻性があり現実的です。

(3) 地域内再投資力と地域内経済循環を構築する

　地域内経済循環を強めることは、必ずしも鎖国のような閉鎖的な自給圏をつくるということではありません。販売市場は地域の内部だけにとどまらず、海外でもいいし、東京でも大阪でも東京でもいいわけです。肝心なことは売上金を、もう一度地元に投下し、雇用や地元の取引を維持したり増やしていく活動を繰り返すことです。地域内での取引を増やしていけば、経済効果が大きくなるわけです。

　他方、進出してきている企業には、できるだけ地元で調達してもらうことも大切です。雇用も非正規雇用ではなく安定雇用にするとか、立地協定の時にそういうことを結ぶ。そして、原材料や工事に関しても、できるだけ地元から調達してもらう。これを、ローカルコンテンツといい、アメリカでも行っている地域貢献誘導策です。日本では、地方自治体が中小企業振興基本条例の中で、「大企業の役割」という条項を設けて、進出してきている企業に、地域貢献を求める動きも広がっています。

　さらに観光客が消費をすることは、地域外に販売するのと同じ効果があります。観光消費ができるだけ地元のところでつながり、地元に落ちるように工夫する。この点は、後ほど、大分県の由布院の話をしてイメージを作ってみたいと思います。そして一般住民の皆さんにも、できるだけ良いものを提供し、大型店と競合しながら、生き残っていく努力をしていくように促す。そういう商店を大事にしていく。例えば、岡崎市から始まった「まちゼミ運動」のように、仕事の内容を消費者に伝えることで、新たな顧客が創出される取り組みもあります。消費者と小売業者、生産者が連携した、学びを軸に

したまちづくりの運動です。

　これは、近江商人の経営哲学である「三方よし」にもつながると思います。「売り手よし、買い手よし、世間よし」という考え方です。売り手も、買い手も、地域社会の構成員全体も一人ひとりが大事にされることが大切だと思います。

　最後に、循環というのは、お金のやり取りといった貨幣的循環でだけではありません。一つは人と自然との循環があります。農林漁業がまさにそのような営為ですし、国土保全とつながっています。あるいは、再生可能エネルギーをできるだけ自分たちで生産して、消費しようという動きがあります。エネルギーの地域内循環によって、大型の原発とか火力発電所に頼らない仕組みを、原発事故があった福島県では自治体や金融機関、民間企業、農家が出資してつくってきています。最後に人と人との関係性をめぐる循環です。特に福祉や医療におけるケア労働においては、これがコミュニティを維持するために重要な意義を持っています。

　こういう形で地域内経済循環が拡大することで、その効果が一人ひとりの住民のところまで波及することが期待できます。農林水産業が活性化すれば、国土保全に自動的につながります。大都市と農山村を「選択と集中」という形で分断して切り離すのではなく、むしろ災害の時代だからこそ、お互いに手をつなぎあうような形での経済的取引関係を作り、国土を保全しながら、個々の経済を構築し、互いに連帯しながら持続的に発展する。災害の時代においては、こういう国土づくりが必要となってきています。

３．地域づくりの具体例から学ぶ

(1) 九州・由布院での農工商観の地域内経済循環づくり

　ここでは、事例を簡単に紹介していきたいと思います。九州の由布市湯布院町も合併した町ですが、元々由布院盆地（以下、由布院と略）を中心にした地域づくりで有名です。ここは1970年代に大きな地震災害を経験しています。その直前、40歳代であった中谷健太郎さん、溝口薫平さんと故志手康二

第Ⅰ部　地域づくりの理論と上秋津

さんの3人が中心になり、公民館の中に「明日の湯布院を考える会」という学習組織を作りました。

　会のなかで、由布院をどうしたらいいのかを彼らは考えて、ドイツの温泉町まで調査まで行き、そこで得た結論があります。地域の宝物を大事にするということです。そして、由布院の農産物をできるだけ由布院で加工し、由布院で売ろうと。これは、隣の別府が当時大型のホテルや宿を開発して、お客さんを囲い込んでいた。町がさびれてしまって、たまに外に出て行く男性客は風俗街に行く。その後ろにヤクザがいて、女性客は敬遠しました。女性が、一人でも安心して保養できる、そういう保養地をつくろうじゃないかということで、由布岳とその麓に広がる農村景観を維持する。これが最大の宝物だと確認します。

　そのために考えた一つの方法が『泊食分離』でした。由布院の宿では、基本的に一泊朝食付きが標準化されています。旅館の机の上にあるメニュー表に何が載っているかというと、昼ご飯、夕飯、そして夜はバーやスナックといったお店を紹介するのが、観光協会の仕事です。ここでもお互いに協力しあっています。

　市町村合併が決まったときに、私たちも調査に入りました。観光消費額のほぼ2倍の地域波及効果がありました。それは地域内で取引をしているからです。しかも市外へ流出しているところはわずかで、地域内でお金が循環している。それがはっきりと確認できました。

　ここに大手のリゾート資本が入ってきました。それに対応するために、由布市では中小企業振興基本条例を作り、特に観光に関わるルールを明確にしました。域外の企業にも地元に貢献してもらい、地域内の中小企業や農家を支援するように求めるわけです。由布院の一番のポイントは『明日の湯布院を考える会』での学習運動だといえます。そこで議論されたことが冊子になり、それを次の世代がテキストとして読み継ぎながら、今どう具体化するかということで動いている。地域づくり運動の継承にある程度成功していると思います。

(2) 中小企業振興基本条例を活用した帯広市のまちづくり

　現在、中小企業振興基本条例は、全国の４割にあたる市区町村で制定されています。そのなかには、地域内経済循環を行う農商工連携や、福祉の役割も条例に明記する自治体もでてきました。農業経営体や医療・福祉法人も中小事業所の中に含む自治体が多くなっています。また、子どもたちは将来の地域を担い手だから、子どもの時から地域の産業に関心を持ってもらうために学校教育の役割も入れる自治体も広がっています。こうなると、狭い意味での産業振興行政ではありません。私は、自治体のまちづくりの憲法ではないかと考えています。憲法と同じように、多くの自治体で前文を書いていることも、この条例の特徴でもあります。いくつかの制定自治体において、条例制定の効果が現れてきています。その代表例として、北海道十勝地方にある帯広市の取組を紹介します。

　帯広市は十勝地方の中心市です。十勝は農産物が豊かに獲れるところです。ジャガイモ、大根、小麦などなど。2007年に中小企業振興基本条例ができるまで、美味しく大量にとれる農産物を加工せずに移出していました。地域内の事業者が参画する産業振興会議の席上で、これはもったいないじゃないかということで、帯広畜産大学や帯広信用金庫も加わって様々な創意工夫が始まりました。

　例えば「十勝晴れ」という日本酒があります。これは産業振興会議の議論の中で、日本酒を復活させようと、美味しくなった地元米、そして地元の深層水を活用しながら作ったものです。また、食材を全て十勝産で提供しようと飲食店や地元ホテルの皆さんが努力しました。

　もう一つが小麦です。小麦はたくさん獲れるけれども、加工せず出荷していて、製粉所がなかったことに気づきます。そこで、パン屋さんやパスタ屋さんから提案があり、製粉所を共同で作り、帯広信用金庫も協力します。野地秩嘉著『世界に一軒だけのパン屋』（小学館、2022年）という本があって「満寿屋」さんという食材のすべてが十勝産というお店を紹介しています。その最後の食材が、小麦だったわけです。このお店はコロナ前に10億円の売

第Ⅰ部　地域づくりの理論と上秋津

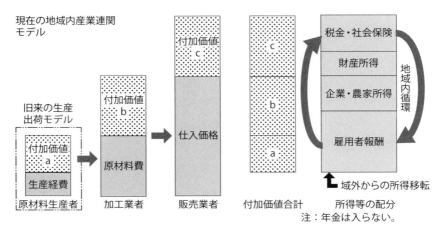

図２　付加価値の生産と地域内経済循環
出所：筆者作成。

り上げを記録するまでになり、コロナ禍前には、首都圏にも店を展開していました。

　その仕組みを図２で見てみます。これまでは農家のところで生産した小麦をそのまま出荷するだけでした。ところが、製粉所を作ることで新しい付加価値が加わります。それをさらに販売業者、パン屋、パスタ屋、レストラン、ホテル、あるいは小売店で売ります。そこで新しい付加価値が加わってきます。地域の付加価値合計、つまり市内総生産は増えます。これを購入するのは、域外の事業者や消費者ではなく、地域内の小麦農家あるいはパン屋以外で働いている多くの人たちが、自分達の得た所得や年金で買っているわけです。地域内経済循環によって、総生産も所得も増えていくことになります。

(3)　年金経済と地域内経済循環　京都府与謝野町の取組み

　京都府北部にある与謝野町では、2012年4月に中小企業振興基本条例を京都府下で初めて制定しました。その後10年にわたって、産業振興会議をコロナ禍の下でもほぼ毎月継続して対面で開催し、期ごとに答申をまとめてきま

した。地域内経済循環を理念にかかげた実践では、農福連携事業として、よさのうみ福祉会がリゾート施設を指定管理者として引き受け、地域の農業者と連携して、食事や農産加工品を供給し、地域づくりにも貢献してきました。コロナ禍の下で町は経営や雇用維持の支援策を講じました。加えて、町が主導して地域経済分析調査を私の大学と連携して実施します。これによって、高齢者の受け取る年金額が推計100億円に達し、町の歳出総額や雇用者報酬総額にも匹敵することや、一層の地域内経済循環をすすめ、年金が町内で支出されるにはどのような課題があるかも、詳細に把握することができました。

与謝野町の産業振興会議の構成員は、商工会の関係者だけではなく、農業や福祉関係者、そして公募で選ばれた町民、金融機関の支店長、学識経験者が入っているだけでなく、若い世代の声を採り入れるために、高校生や大学生の代表も委員になっています。さらに上記の調査報告書をもとに、町では施策の工夫だけではなく、産業振興施策の立案機能も同会議に認めた条例改正もおこないました。文字通り、住民参加の「産業自治」をつくりつつあるといえます。

おわりに

コロナ禍は、それまでの「選択と集中」「インバウンド」「効率性」一本槍では、住民の命や暮らしも地域経済も守れないことを明らかにしました。多くの地域で、自然発生的に足元の「地域」に視点を置いて、事業者や住民が連帯しながら、地域内経済循環をつくる動きが広がりました。

改めて、地域経済や社会の持続性をどのようにつくるかということを、多くの人が学び、実践に移していったといえます。このような自覚的な「連帯経済」の形成と広がりが、地域内経済循環の重要性を事実によって示すことになったといえます。次章以下で詳しく述べられる和歌山県田辺市の上秋津での秋津野ガルテンの取組は、住民出資の会社をつくり、廃校になった校舎を中心に都市農村交流施設、学習施設、農産加工施設、スローフードレストラン、宿泊施設や直売所を整備し、そこで柑橘農業を母体に住民の雇用と所

得の場を作り、住民の学習によって地域内経済循環を自覚的につくり、地域内再投資力を高めている先進的な事例であるといえます。

　併せて、本章でも述べたように、その地域内経済循環の構築において果たす地方自治体の役割も明確となりました。今や、コロナ禍の下で「経済性」（短期的な金儲けの追求）と「人間性」（命と人間らしい暮らしの尊重）の対立が、世界経済レベルでも、国レベルでも、地方自治体レベルでも先鋭化しています。人間性を重視する主体的な取組みこそが、一人一人が輝く持続可能な社会への道を切り開く展望も明らかになってきたといえます。

参考文献
岡田知弘『地域づくりの経済学入門』増補改訂版、自治体研究社、2020年

用語解説
○「自治体消滅」論
　2014年5月に日本創成会議（増田寛也代表）が発表した、2040年には日本の自治体の半分が消滅するという議論。これを元に地方創生政策が始まる。通称、「増田レポート」。
○後期高齢者
　75歳以上の高齢者を、後期高齢者という。
○「平成の大合併」
　1999年から、政府が市町村合併特例法を使って半ば強制的に推進した市町村合併政策。この結果、特例法の直前に3232を数えた市町村が2010年度末には1727市町村となった。
○「前川レポート」
　中曾根康弘首相の私的諮問機関が1986年4月にまとめた「国際協調のための経済構造調整研究会報告書」の通称。研究会座長であった前川春雄元日本銀行総裁の名前に由来する。

第2章

地域経営のための合意形成と組織づくり

玉井 常貴・木村 則夫（株式会社秋津野）

はじめに

　上秋津は非常に歴史が古く、平安時代から藤原の荘園として集落が形成されていたそうです。日本三大経塚である高尾山経塚が昭和6年に発掘され、東京上野の国立博物館に展示されています。また、私たちが日常使っている「いこら」「ころげる」など色々な方言は、元来貴族が使っていたそうです。上秋津はそのような集落で、江戸時代に上秋津村ができました。

　明治22年に紀伊半島一円で大水害が起こり、上秋津は壊滅に近い甚大な被害を受けました。その頃の村は本当に貧乏で、行商をしながら生計をたてている家も多く、街で物を仕入れては、山村である旧龍神村、旧中辺路町、旧本宮町へ行商に行き、帰りは林産物を仕入れては街で売り、稼いだお金で何十年もかけて地域を復興させていきました。上秋津を東西に貫く県道29号線は「龍神街道」とも呼ばれています。

　地域には常に数々の課題が立ちはだかってきました。その課題解決の経験の積み上げの連続が地域づくりです。そして、地域の皆さんと一緒に地域課題を洗い出し論議し課題を解決するために、行政との連携や平成10年頃からは大学とも連携しながら、あくまでも住民主体の内発的な地域づくりを行ってきました。

　私たちの地域づくりは、地域資源を活かすことを常に考え、特に人材資源をどう活かすかということを一番大きな柱に据えてきました。それから、二つ目の柱は、昔からのコミュニティの組織をどう活かしていくか、ここが非常に重要なポイントになるのかなと思っています。三つ目の柱は、地域固有の資源を活用することです。経済なくして地域づくりの持続性はあり得ませ

ん。私たちの地域固有の資源である農業や農村、具体的にはみかんや梅をどう活かすか、いつも追及しています。そして歴史や文化、地域そのものを物語にしながら、持続可能な地域づくりへの挑戦を行ってきました。

第2章・第3章では、上秋津が昭和の時代から積み重ねた経験を記したいと思います。

1．現状は予断を許さない

一般に「秋津野」とよばれる田辺市上秋津では、2005年の田辺市広域合併後も大きく人口が減ることなく維持されています。しかしながら、上秋津から車で10分も走り山間部に入ると、旧田辺市ではあっても人口減や高齢化が進んだ「限界集落」が現れてきます。そしてさらに車で20分走ると、2005年に田辺市に合併した山間地の村や町の姿が見えてきます。

昔は、山からの恵みのおかげで山間地も非常に栄えた時代もありましたが、近年では農林産物の価格低迷や山間部での仕事確保が困難になったことをきっかけに、仕方なく山間部を離れ田辺市街地に近いところに仕事や教育の場を求めて若者が流失していきました。ちょうど上秋津もそういった方たちの受け皿となる地域だったのかも知れません。若者の去った地域では、そこで暮らすことの自信や誇りが感じられなくなると言われますが、それでも地域で支えあいながら懸命に暮らしている姿がありました。しかし、「限界集落」という局地的な現象に留まらず、県内では「限界市町村」とさえ言えるような現実が市町村全域に広がりだしています。

中山間地域に属する上秋津は昔から果樹栽培が盛んな農村でしたが、昭和40年代からみかんの過剰生産や産地間競争に巻き込まれました。その都度、みんなで協力し乗り越えて地域の農業を発展させてきました。

秋津野ガルテン内に設置された秋津野みかん教室『からたち』に、1950年代から仲間たちが鍬一つで、里山を一段ずつ段々畑に替えていく写真があります。大変な仕事なのですが、全員が笑顔で汗をぬぐっています。当時、日本は高度経済成長期でしたので、どんなに辛い仕事でも、何度販売の危機に

あっても、将来への夢を見られた時代でしたので、乗り越えられたのだと思います。

　みかん価格の大暴落を経て、今日では柑橘を中心とした多品目の周年生産体制がつくられており、年間通して80種類以上の柑橘と南高梅が栽培されています。周年生産体制は、年間を通して労働力の分配が可能で、年間を通して収入があるという状態を生み出し、今でも上秋津の農業経営は、柑橘類が6～7割、梅が3～4割という配分が主力となっています。地域づくりにおいても、80種類の柑橘という独自の資源を、どのように活かすかが重要となってきます。また、日本一柑橘の種類が多い上秋津という地域をどのように売り出していくかを考えながら、地域経済を動かし農家にいかに自信を取り戻してもらうかが地域づくりの一つの目的でもありました。

　現在、上秋津のみかん山をみると、急傾斜の栽培条件が厳しい園地を中心に、廃園や放任園が見受けられ、年々その面積も増えています。栽培条件の厳しい園地では借り手は現れず放任するしか手はありません。田辺市やJA紀南が進める農地のマッチング事業により条件の優れた園地の借り手は見つかっていますが、放任されてから何年も経つような園地ではなかなか借り手が現れません。

　一方で、県下第二位の商業都市と呼ばれた田辺市の現状をみると、全国の地方都市と同様に、大手資本の郊外型大規模店舗の進出や通信販売の広がりなどの影響により、街中の商店街は壊滅的打撃を受け廃業が続いています。中心市街地は空洞化が止まりません。しかしそのような環境の中でも、自分の店にしかない独自の商品やサービスがあるところは、しっかりと商売が成り立っているようです。現在、人口が7万人に満たない田辺市にあって、JR紀伊田辺駅の周辺約200メートル四方のエリアに、居酒屋・バー・スナックが200軒近く集まる飲食店街がありますが、ここには大手資本の進出がみられません。何か中心市街地再生のヒントが隠されているような気がします。

　地域力を示す指標の一つに人口がありますが、田辺市は平成の大合併後も人口減少に歯止めが効きません。2005年に隣接する町村と広域合併し19年が

第Ⅰ部　地域づくりの理論と上秋津

表1　合併後の田辺市の人口推移と上秋津　　（単位　人）

	2005年4月末	2024年4月末	増減
旧田辺市	70,307	58,443	−11,864
旧本宮町	3,785	2,317	−1,468
旧大塔村	3,345	2,229	−1,116
旧中辺路町	3,723	2,306	−1,417
旧龍神村	4,477	2,627	−1,850
（上秋津）	3,323	3,132	−191
新田辺市全体	85,667	67,922	−17,745

経過しましたが、合併当時と現在の人口を比較してみました。

　田辺市では、社会減・自然減を含めて毎日約3人、年間で約1,000人近い人口が減り続けています。19年間で17,745人も人口を減らしてしまいましたが、30年前に山間部で起き始めていた若者たちの流失が、今日においては田辺市全域に広がっているのです。

　しかしその一方で、上秋津の人口は比較的保たれていることが分かります。また、上秋津と同じような旧田辺市郊外の農村地域の中にも、人口が維持されている地域がいくつかあります。元気な農業の存在とその6次産業化の取組が大きく寄与しているようです。農業をいかに元気づけるかが今後の地域づくりのポイントになるのではと考えています。

　旧田辺市管内では高等学校までの教育の場は提供できていますが、大学や専門学校はありません。したがって、高校卒業生が県外に他出してしまう現象は、現在の教育や若者の就職の環境下では止めようがありません。田辺市にある田辺高校、神島高校、田辺工業高校、南紀高校、南部高校竜神分校を合わせた2022年度の卒業生673人の進路の内訳は、進学488人、県外就職43人、県内就職94人、その他48人となっています。

　いったん、田辺市を離れてしまうことはやむを得ないとしても、田辺市に戻ってくる際の選択肢を用意するのは行政の役割であり、此処に暮らす私たちの知恵と力の出しどころかと思います。何もしなければ、ますます地方は疲弊していくのではないでしょうか。

2．地域づくりの大きな転機

(1) 社団法人上秋津愛郷会の誕生

　昭和の大合併のときに上秋津村は牟婁町と合併しました。全国的にみると、合併時の村の財産（多くは山林）は、個人に分配するか、あるいは財産区をつくって管理するかという選択が求められます。当時の上秋津村議会では、激しい議論を通じて僅か一票差でしたが「社団法人上秋津愛郷会」を設立し、当時の法律をうまく活用して一旦分配した財産を再び持ち寄って社団法人化する途を選択しました。愛郷会の定款には、得られた収益は「教育振興・住民福祉・環境保全」の三つを掲げて将来の地域づくりのために使っていこうということが記されています。地域づくりの基礎は、このようにつくられました。この法人が果たした役割は大きく、次の二点が特徴です。

　一つ目は、財産を地域づくりに活用すること自体が、人材育成に繋がるという点です。昭和30年に設立され、すでに約65年以上経過するなかで、多くの住民が法人役員を経験することになります。8人程度の規模の役員体制ですが、各地区から万遍なく選出されています。自ずと、地区住民の意見を十分に汲み上げた取り組みを進めるということになりますが、このような経験の積み重ねが地域づくり活動の人材育成にも影響を与え、いま私たちが取り組んでいる地域づくりの土台を形成してきました。

　二つ目は、この財産を活かしてどのような地域づくりを行うかという点です。例えば、マツタケ山の入会権を含め、色々な収入があり年間1千万円ほど入ってきますが、それを「教育振興・住民福祉・環境保全」に関わる活動に使用しています。67年を経た今日でも法人形態を「公益社団法人上秋津愛郷会」として、今日なお地域づくり活動の継続に大きな役割を果たしてくれています。

(2) 混住化時代の課題と地域づくり

　平成の初め頃の上秋津の世帯数は600戸ぐらいでしたが、現在では1,300を

第Ⅰ部　地域づくりの理論と上秋津

超えています。戸数が倍以上に増えたことの背後で、農家が比較的平地にある農地を手離し、残った田畑に隣接して民家が次々と建築されていくといった事態が進行しました。

　上秋津では、急傾斜地に植栽されているみかんとは異なり、南高梅の多くは宅地化できるような水田転換園地に植栽されていることが一般的です。そこで、「これまで通りの農業が難しくなる」という問題が生じてきます。例えば、南高梅の場合には、時期になると授粉用のミツバチ巣箱を要所に置きますので、洗濯物を干していたらミツバチが飛んできて黄色い糞をするので困る、あるいは有機肥料の散布時には発酵して臭うので何とかして欲しいなどの住民からの苦情が起こります。一番大変なのは農薬散布に関する問題で、散布時には一軒一軒園地に隣接する住戸を訪問し、了解を得てから散布しなければならないことが当たり前になっていきました。

　また、上秋津には11の集落がありますが、だいたい一集落あたり世帯数が50戸のところへ20戸増えても、町内会の運営は上手くいくのですが、50戸のところに新たに150戸が増えると地域のあり方が全く変わってしまうといった問題が起こっていました。

　このように様々な問題が表面化するなかで、地域づくりをどのように進めていくのかが試されることになります。とくに、平成の初め頃から進行した混住化による最大の悩みは、家庭雑排水の農業用水への混入やトイレの水洗化問題で、この状況を何とかしないといけないという声が住民から出始めました。実際に、当時の上秋津のトイレは汲み取り方式の家庭も多く、それこそ孫が帰ってきたらトイレに行くのを怖がるというので、旧住民にとっても何とかしたい課題の一つでもありました。

　そこで、国事業の農村集落排水事業を活用して、何とか新旧住民が望む環境整備をしようという話になりました。移住してきた新住民を含めて農水省の事業を導入する場合には「共益金」が必要で、1軒につき30万円から40万円が必要となります。また実際には、住居の改造費用コストも追加で必要となりますので、本当に新旧住民から様々な意見が出されました。

「上秋津愛郷会」では、その都度アンケートなどの方法で住民意見の集約に努めましたが、新住民からは住宅ローンを返済しながら事業経費も負担するのは大変だという声が挙がりました。「それなら毎月3千円から5千円の積み立てはできませんか。そして何年か経ってお金が貯まったら事業を行いませんか」といった提案も行いました。ただし、工事には時間がかかりますので、話し合いを重ねるのと並行して同時に事業を進めていきました。そして、全集落に管路を通して家庭雑排水は処理施設で処理し、新住民でここに入られない方は合併浄化槽を必ず使用して頂くことを合意して、平成8年には上秋津全てへの地区に下水管路が完成しました。川西、川東の二か所に末端の処理場を設けることになり、川東の処理場は現在「秋津野夢ひがし公園」として整備されています。

　また、当時あった上秋津愛郷会館が利用困難となり、住民が集える場が無くなっていました。なんとか集える施設が欲しいとの声が出始めたことから、新しい施設を山の上に建てる計画が進んで造成も行われていました。しかし、人が集う施設を山の上へ建設するのは非常に使い勝手が悪いから地域の真ん中にすべきだという声が高まりました。そこで、上秋津愛郷会が地域の中心部分の土地を購入し、建物は国の事業を活用することで決着をみて、現在の上秋津農村環境改善センターが誕生しました。

　一方で、「山の上に残した土地をどうするのか」という意見が出てきました。「これからは高齢化が進むだろうから、そこに福祉施設が必要ではないか」という話になりました。そして、社会福祉法人を設立し、老人保健施設を建設しようということになりました。社会福祉法人を設立するのにオーナーは決まりましたが、誰がその計画書を作るのかという問題が浮上し、結果的に筆者（玉井）がNTT勤務の傍ら、2〜3年かけて福祉法人設立の事業計画書を作成し、県の認可を得ることになりました。建物が完成し事業を実施するタイミングで手を引くつもりだったのですが、地域の方々からの説得を受け、退職後も2年半のあいだ、老人保健施設を建設するための業務に関わることになりました。

第Ⅰ部　地域づくりの理論と上秋津

　振り返ってみると、上秋津の住民は、試行錯誤しつつも、新しいことへの挑戦が必ず将来に繋がるという確信めいた考えをもち、合意形成に苦労しながらも農村環境改善センターや福祉施設を完成させてきたように思います。そして、合意形成を図りながら地域課題を解決するという経験の積み重ねが、次の地域づくりへと向かうエネルギーを養ってきたのではないかと考えています。

　もちろん、新旧住民が顔を合わせると様々な考え方が出てきます。しかし、これからの地域づくりは、ハード事業の遂行だけを考える時代ではなく、地域づくりの過程において、いかに意見や立場の異なる住民同士が合意形成できるかが重要ではないかという意見が出されるようになりました。そして、上秋津の将来をみんなで考えようと勉強会をしたり、他地域へ視察に行ったりしながら地域づくりに取り組む機運が高まってきました。

(3)「上秋津を考える会」の誕生

　1989年、昭和から平成にかけての時代、高尾山頂上にある上秋津住民のシンボルともいうべき経塚記念塔が老巧化のため倒壊しました。この記念塔再建の取り組みを機に、当時の20～40歳代の青年有志が集まり、「自分たちでできることは自分たちで」をモットーに地域の活性化を図ることを目的とする「上秋津を考える会」[1]が誕生しました。

　会のメンバーは、上秋津に在住するか勤務する者で、地域について前向きに考える者であれば誰でも参加できるという条件になっていました。月1回の定期的な会合は、地域づくりに意欲をもつ若者にとって、個々人のコミュニケーションを高める場となっていきました。そして、会が企画した高尾山登山マラソン大会や高尾山での人文字ライトアップなど若者主体の各種イベントの開催は、メディアを通じて地域外にも発信され、上秋津地域内外の人が交流する場を生み出しました。またそれ以外にも、地元高尾山のログハウスの整備事業や辺谷農林公園の整備、当時県立自然公園に指定されていた奇絶峡の整備事業などへの協力も行ってきました。そして、活動が5年を過ぎ

た頃には、この「上秋津を考える会」を含む新たな地域づくりの組織体に関する検討も始まりだしていました。

(4) 秋津野塾の結成

　全住民の幅広い合意形成を図りながら、一層活発なむらづくり活動を展開するためにはどうすればよいか。そのためには、全組織を網羅するむらづくり組織が必要ではとの認識が高まりだしました。そして、上秋津を考える会、町内会、愛郷会のメンバーらが中心となり、1994年9月に上秋津の全組織から構成される「秋津野塾」が発足しました。町内会、愛郷会、公民館、4Hクラブ、農協各部会、商工会、PTAなどの代表者で構成される「秋津野塾」の目的は「豊かな郷土づくりを推進し、都会にはない香り高い農村文化社会をつくること」とされました（図1「秋津野塾」の構成メンバー）。

　上秋津では、塾結成以前から、何か事業を行ったり、地域課題の解決に取り組むときには、その都度組織をつくって話し合い、物事を取り決めてきました。一方、地域における問題は年々多様化・複雑化する傾向にありました。また、新しい住民の増加は、ますます多様な価値観をもつ人々が同じ地域内で暮らすことを意味します。多くの住民の幅広い合意を得ながら、地域づくりを総合的に有機的・機動的に進めていくには、多くの団体の意思を反映し易い組織が必要であると考え始めていました。秋津野塾の結成は、場当たり的対応に陥りやすい従来型の「意思決定システム」からの脱却を意味していました。

　秋津野塾では、地域が取り組む事業や活動は、塾の企画委員会で企画・立案し、必要に応じて各団体の代表が出席する全体会議で検討し承認を得るというプロセスを経ることになります。それによって物事にすぐに対応できる体制を目指しています。地域に住む住民が問題を幅広く共有し、住民ひとりひとりが一地区・一団体の構成員であり、地域住民であるという自覚を深める事もできます。このように、各団体が連携しながら「地域力」を高めていこうとするところに秋津野塾の特色があるのです。

第Ⅰ部　地域づくりの理論と上秋津

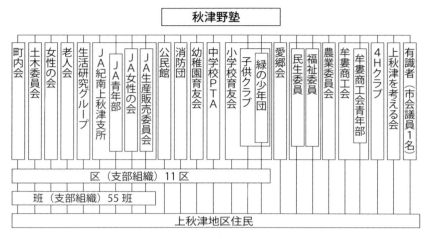

図1　「秋津野塾」の構成メンバー

3．地域を学ぶ機会をバネに更なる飛躍を

(1)「豊かなむらづくり部門」で天皇杯を受賞

　農林水産省主催の平成8年度「豊かなむらづくり部門」の全国表彰事業で、秋津野塾の取組が天皇杯を受賞することになりました。秋津野塾のこれからの運営方針を考えるにあたって、それぞれの団体がどういう活動を行っているかを一度取りまとめて文章化し、その中から次に繋げていくべきものや将来の方向性をみんなで模索しようとしていたタイミングで、県から事業への応募を促されたという経緯がありました。当時、全国で3,500～4,000ぐらいの応募があったと聞いていますので、本当に幸運であったと思います。

　応募書類に書き込んだ内容としては、まず一つ目に昭和の市町村合併の際に村の財産を個人に分配せずに、それを持ち寄って社団法人化したということ。二つ目には、みかん価格の大暴落時に80種類以上のみかんが栽培・収穫できるという今日の周年生産体制をもとに産地を育成し、労働の分配や後継者の育成に取り組んできたということ。三つ目は、新旧住民が一緒になって

農村の環境整備や農村集落排水事業に取り組んできたということ。四つ目は、秋津野塾を結成して、地域内の各団体・組織の合意形成を図りながら地域づくりを行ってきたこと。これらの点が高く評価され、天皇杯を受賞することになりました。

そして、この評価を自信とバネにしながら、さらに地域づくりを発展させるにあたって特に注意したことは、地域の絆・コミュニティを更に強めることでした。まず取り組んだのは、子供たちに関わる行事を増やすことを通じて、子供を介した大人同士のコミュニケーション機会を拡げることでした。実際に地域の子供たちを見渡すと、旧住民の子供たちが3分の1、新住民の子供たちが3分の2という状況でした。

花祭りに向けて、お年寄りと子供たちが一緒になって秋にチューリップを植える。春には秋津野塾がそれぞれ子供たちと一緒に行事に取り組む。夏祭りや盆踊りも、女性と青年だけが公民館で行っていた従来のスタイルを改めて、幼稚園や小学校の子供たちにも参画してもらい、さらに夏のイベントとして各団体が出店をする。このような取り組みを今もなお継続しています。このように各季節に行われる行事を通じて、組織間の連携や新旧住民が交流する場を創ることが大切です。

一方、近年では農業を取り巻く環境が益々厳しくなってきました。地域農業に対する理解を深めてもらうために、公民館が中心となって学校と連携し、食育を始めることになりました。1・2年生は「芋づくり」、3・4年生は「野菜づくり」、5年生は「みかんづくり」、6年生は「梅づくり」に取り組みます。6年生は、冬に咲いた梅の花の数を数えます。その後、この木に実が幾つなったのかを数えます。そして、それを収穫し加工するところまでが一連の体験です。各種の体験をサポートする役割は地域の皆さんが行っています。実際に、農業体験や地域活動に関わった子供たちのなかから、地域への愛着が深まり、将来は地域づくりに携わりたいと考える若者も出てきています。

第Ⅰ部　地域づくりの理論と上秋津

(2) マスタープランの策定と実践に向けて

　また、天皇杯を受賞したことで色々なヒントを得る機会に恵まれました。多くの地域から視察に来られる方と話すうちに、地域づくり活動に取り組んでいるところにも二つのタイプがあるということがわかってきました。それは、「自ら進んでどんどん仕掛けていく地域」と「行政を当てにしている地域」の二つで、前者はともかく後者の場合には地域づくり活動の持続性が低くなる可能性があるということでした。秋津野塾では、これを自分たちの地域に置き換えた時に、今後どのような問題が起こりうるのかについて整理してみようということになりました。

　例えば、農業面では後継者問題が深刻になりつつありました。専業農家の場合で言えば、バブル時代は農家経済に余裕がありましたので、子供が大学進学を機に一度は県外へ他出したとしても、戻ってくれば実家で就農するケースが多かったのですが、天皇杯を受賞した頃を境に経済が落ち込んでくると、大学卒業後に戻ってきても農業のみで生活ができるのかという不安も出始めていました。これは、県外へ他出した農家の後継者が、地方での農業生産だけでは暮らしが成り立たないことを意味しており、若者流出という問題とも無関係ではありません。そうなるとますます農業担い手の高齢化が進み、耕作放棄地も出てくることになります。

　同時に、「秋津野塾の活動は本当に地域の課題解決に繋がっているのか。これを点検しないとこれからの地域づくりが進まないのではないか」という疑問が生まれ、何とかこれらの問題を解決する方法はないかということを考え始めました。

　その当時（平成11年）は、農家と和歌山大学経済学部との繋がりが始まった頃で、教員や学生たちが地域づくり活動に関する調査を目的として上秋津を訪れていました。そして、彼らに協力する中で私たちがヒントを得たことは、「大学との連携を通じて、その成果を自分たちの地域のものにする方法はないのだろうか」という点で、その中で考え出されたのが地域マスタープランの策定（地域の将来ビジョンづくり活動）でした。そして、和歌山大学

第2章　地域経営のための合意形成と組織づくり

の先生方（経済学部、システム工学部、生涯学習センター）と連携しながらマスタープランづくりを始めることになったのです。

　まず、2000年〜2002年の2年半をかけて、上秋津での生活環境と暮らし、そして住民の意識について、20歳以上の全居住者を対象としてアンケートを実施しました。また、高齢者には生活実態を、小学校高学年や中学生には学校・家庭での生活実態を、そして当時公民館長を務めていた筆者（玉井）の場合には公民館利用者に公民館活動の実態を、といった具合に縦断的にアンケート調査を実施しました。農業については、農家構成員を経営者・青年・女性に区分して実態と各々の意識をアンケートで浮き彫りにすることが企画され、さらには地域外の視点からみた上秋津の農業に関するアンケート調査も実施しました。

　また、これらの調査結果を取りまとめて数値化（見える化）する一方で、11地区で合計300名の住民を対象にヒアリング調査も実施しました。実はこれらの取り組みの中から、将来発生するであろう廃校をどう活用するか、その際には木造校舎を残して地域農業に活かしていくのはどうかというアイディアも出てきました。そして、ヒアリングとアンケートという二つの調査を通じて、地域農業の将来に対する不安が住民の中でも予想以上に深刻化していたということが明らかとなりました。その後、秋津野塾の活動は、単にマスタープランづくりだけで終わってしまってはだめだ。明らかとなった課題解決に向けていかに実践していくかが大切だということを考えるようになっていきました。一方で、これらの結果を地域住民に伝える必要があるということで、大学教員の力を借りて『秋津野塾未来への挑戦』という本をまとめました。

　取りまとめの過程で最も重要とされた問題は、地域経済を何とか活性化しないと地域づくりも持続しないという点でした。例えば、専業農家に対するアンケート調査の中で尋ねた「農業を子どもたちに継いでほしいか」という設問については、父親が「継いでくれるのなら継いでくれたら良い」と回答する一方で、母親の場合には「継がせたくない」との回答も出てきました。

45

天皇杯を受賞した1996年当時、上秋津の農家の平均所得は約1,200万円あったと言われていますが、それがどんどん下がってきていました。旧態依然の農業経営を続けていると所得は半分ぐらいまで落ち込み、子供に自家農業を継がせるということが困難な時代に入ってきたのでないかと容易に想像がつきました。

4．流通の変化と直売所『きてら』の誕生

(1) デフレ経済で揺れ動く農家の姿

　バブル経済が崩壊した1990年初頭から経済も低成長時代突入した日本。当時の上秋津の農業は、健康ブームに乗った梅の生産販売が順調に推移するなか、主力のみかん・柑橘類の販売は芳しくありませんでした。年々、卸売市場での販売単価が下がり、農家には再生産する意欲を失うような金額しか返ってこなくなっていました。食品スーパーや量販店が市場での青果物の価格の決定権を握り、ますます農家にお金が返らなくなりました。産地間競争も一層激しくなり、マスメディアは安い食べ物を買うために日々奔走する主婦の姿をフォーカスし、安いものを購入することが美徳だという偏ったメッセージを全国に流し続けていました。農産物を生産販売する農家は堪ったものではありません。

　1998年には日本経済も低成長時代からマイナス成長時代となり、農家はより一層苦しく、将来を見通すことが出来なくなりました。そして、農家も自己防衛に動き始めます。当時、すでに産地直送の荷物は郵便小包や国鉄の貨車便・日通便などからシフトし、佐川急便、クロネコヤマトの宅急便、ペリカン便といった宅配専用便が普及し始めていました。農協の選果場に出荷すれば、大量に農産物が販売でき、代金回収の心配が要らない仕組みですが、自分で価格を決めることができません。今でも卸売市場での販売価格の60％ほどしか農家には戻ってきませんが、市場での販売単価が下がれば下がるほど農家の経済は苦しくなります。そこで、農家は近所の知人・友人、親せきなどの縁故を頼りながら、みかんや柑橘類を段ボール箱に詰め、自分で価格

を決めて消費者に直送する仕組みを取り入れ始めていました。地区内で配送グループをつくり、消費者直売に乗り出した農家も現れていました。宅配便の価格設定がみかんの箱サイズとぴったり合うのも功を奏しました。そして、みかんのお届け先から直接に、市場というフィルターがかかっていない生の声が届くようになり、それが農家の営農意欲を刺激していきました。

　地区内の県道・市道の道沿いにある畑の片隅に、無人直売所が雨後のタケノコのようにでき始めた頃、筆者（木村）もチャレンジすることになり、現在の直売所近くに日曜大工で完成させました。朝、100円のみかんの袋を20袋用意して、無人直売所に出荷。代金は「ここの缶に入れてください」。夕方、遠目に無人直売所が見える。「お、完売や！」と意気揚々缶の中を見ると、売れた割には代金が少ない。「お客さんは"試食"ということで、味見に持って帰ってくれたのかな」と自分を納得させました。それからも販売を続けていましたが、精算が合わない日があり、他の農家に尋ねても「情けない日もあるで〜」という話も聞かれました。無人直売所の限界を感じつつも、みかん産地の中にある無人直売所でみかんが売れること自体が衝撃でした。地域で直売の仕組みさえ整えることが出来れば、継続的な販売に繋がるのではないかという可能性を感じ始めていました。

　当時のJA紀南上秋津支所でも、選果場の片隅にすでに直売コーナーが設けられていました。選果場の大きな壁には「みかん直売」と書かれた看板が掲げられ、通りすがりの方が、看板を見て直売コーナーのみかんを買うといった光景が見受けられました。また、宅配も始まっていました。大量の荷物を取り扱うJA選果場でさえ、市場価格の低迷が大きな問題と認識されていたのでしょう。これからは農業・農村と消費者との出会いも大切にしなければと考えた選果場役員の英断だったのかも知れません。

(2) 常設型農産物直売所の誕生

　「直売所が欲しい」という声が秋津野塾の中からも出てきました。当時、"顔の見える生産者と消費者との関係"という掛け声で全国的にもどんどん

第Ⅰ部　地域づくりの理論と上秋津

直売所が起ち上がっていた頃でもありました。なんとか秋津野塾でも実現できないかと考えるものの、これまでの地域づくりのスタイルとは勝手が違います。「経済活動でもし失敗したら、誰が責任とるのか」といった意見も多く、まとまりそうもありません。直売所の起ち上げについて行政に相談しても「時期尚早ではないか」。農協に相談しても「協同組合の活動理念」を問い質されるばかりだったと先輩農家たちは愚痴をこぼしていました。

　それなら、「自分たちで直売所を起ち上げよう」「1人10万円ずつ出資を募ろう」ということになりました。しかし、地域の全世帯にお願いするのではなく、これからの新しい形での地域づくりに理解を頂ける方々にお願いする「手挙げ方式」で出資者を募集することになりました。そうすると、農家や上秋津を考える会の参加メンバー、さらには地元商店主やサラリーマン世帯の新住民の方々、計31名が呼びかけに応じてくれました。これからの地域づくりへの布石でした。

　どうして、これだけの方が手を挙げてくれたのでしょうか。それは、これまでの地域づくり活動で積み上げてきた経験を通じて「自分たちが頑張れば地域は変わる！」との確信を得ていたこと。さらに、上秋津の地域づくりに対するマスメディアなど外部からの評価が高まっていたことで、住民も自分たちの地域づくり活動に自信を持つようになっていたからではないかと考えています。

　そして、集まった310万円を原資として中古のプレハブ倉庫を購入し、県道29号線の千鉢橋詰に常設の秋津野直売所『きてら』が誕生しました。お世辞にも立派だとは思いませんが、地域の大きな夢が詰まった店でした。上秋津の住民であれば15％の販売手数料を支払えば誰でも出荷できる仕組みとしました。出資者だけが出荷できる店ではなく、あくまでもそこでの地域づくりや消費者との出会い・交流の創出が目的です。掲げたスローガンは「農家に農産物価格の決定権を取り戻し、農家にやる気を！」「お年寄りの生きがいの場の提供を通じて、将来、寝たきり老人をつくらない！」「新たな地場産品（資源）を発掘し、地域資源を経済に変える！」でした。

1999年のゴールデンウィークに直売所をオープンした当時は、直売所に対する物珍しさも手伝って、田辺市内からも大勢買い物に来て頂きました。それもそのはずです、常設の直売所としては県内で二番目でした。それ以前は、県内にある常設の直売所というと、山間部（当時、日高郡中津村）に位置する村営の「さんぴん（現『道の駅SanPin中津』直売所）」のみでしたので、消費者の方も直売所を見たことも無かったかと思います。

　メディアにも取り上げられ順調にスタートしたように見えましたが、わざわざ田辺市内から上秋津まで買い物に行くというような習慣は消費者には根付きませんでした。だんだんと客足が遠のき、半年を過ぎた頃には店員を雇うお金さえなくなってきていました。自分たちで始めたことですから、自分たちで問題を解決しなければなりません。行政や農協の反対を押し切ってまで起ち上げた経緯もあり、いまさら「助けてくれ」とは言えません。「待っていてもお客さんは来ないのなら、何か新しい商品を作ってこちらから販売を仕掛けていこう」という声が挙がりました。そこで、12月に上秋津で収穫できるみかん・柑橘類・女性グループがつくる加工品などを詰め合わせた「ふるさと産品詰合せセット」を200セット作成し、販売に際してはメディアにも協力を求め宣伝に力を入れました。待ちの直売所から攻めの直売所へと転換した瞬間でした。用意した詰合せセットは200個全て完売となりました。直売所は倒産の危機を脱し、売り上げは2年目には2700万円、4年目には4300万円に達するまでに成長しました。

(3) 再投資で直売所新築移転

　1999年の末に直売所が倒産していたとすれば、その後の上秋津の地域づくりの姿はなかったと考えています。2002年頃には、出荷者もお客さんも安定して増え始め、10坪の店内が手狭に感じられるほどに賑わうようになりました。ただし、駐車場もトイレもなく、変形の四差路での交通事故も心配されていました。広いところに移転できないかと考えるものの、15％の販売手数料でだけでは利益余剰金はほんの僅か。どうしたものかと困り果てていた夕

イミングで、和歌山県から補助金を活用した移転の勧めがありました。

当初の直売所よりさらに200メートル山側に上がった場所に、移転後の直売所と農産物加工施設を設ける計画がスタートします。しかし、補助金で経費を100％賄えるわけではありませんので、再び大きな資金が必要となってきました。当時、金融機関では、私たちが行っているコミュニティビジネスへの理解は乏しく、お金を借りる場合には役員個人が定期などを担保にする必要があった時代です。そこで、建設費を賄うために再度出資を呼びかけたところ、新たに52名の方が手を挙げてくれましたが、驚くのは52名のうち23名が地域外の方々であったことです。これまでの上秋津の地域づくり活動に賛同し、見守り応援して下さっていた方々からの温かい篤志でした。

直売所の移転に際して、隣に農産物加工場を併設する計画がスタートしたのは、視察や調査で訪れる大学の先生や地域づくりの活動家の方々から「上秋津の地域づくりには女性の顔が見えない。男性の自己満足で地域づくりを進めているのではないか」との指摘を受けていたことがきっかけでした。元来、農村の女性たちは、農協や行政の生活改善活動の一環として、地元農産物を使った加工品を作っていました。しかし、加工した商品は本格的に販売されるわけでもなく、各種のイベント会場の模擬店で少し換金する程度の活動に留まっており、「経済」に結びつくことはありませんでした。

加工品を作って相手に無償で提供するのなら保健所の認可を得た調理場は不要ですが、1円でも対価を頂戴するとなるとそうはいきません。ちゃんとした調理場を設置する必要があります。このように、農家女性の加工品販売を実現するためには大きな壁がありました。しかし、直売所の移転を機に、隣接する加工施設で高額な調理器具も共有できるようになると、次々に新たな女性グループが誕生しました。加工施設の隣が直売所ですのですぐに販売もできます。これによって、少しずつ女性たちの顔も地域づくりの現場に見えるようになってきました。

一般に、直売所運営で利益を生み出すためには、都市近郊の広いスペースに多くの出荷者を集め、品ぞろいもスーパー並みにして集客することが必要

と言われています。2003年の直売所「きてら」新築移転の1年前には、市街地に民間事業者が運営する大型直売所「よってって」がオープンし、直売所間の競合も強まり始めていた頃でした。しかし、加工施設を併設した新しい直売所は、移転1年で前年比倍増となる売り上げを実現するなど、移転の効果がすぐに表れてきました。

次章では経済も絡めた本格的なコミュニティビジネスへの展開の歩みを振り返ってみたいと思います。

〈付記〉
　本章は、2022年6月に志半ばで急逝した玉井常貴（当時、株式会社秋津野会長）の講演録（和歌山大学食農総合研究所研究成果第2号・2016年度都市農村共生ユニット現地交流会記録「地域経営のための合意形成と組織づくり（玉井常貴）」）の原稿をもとに、木村の責任で編集したものです。

注
1）上秋津を考える会はその役目を終えて2008年に活動を停止しましたが、この時のメンバーは、コミュニティビジネスの役員となって現在も活躍されています。

用語解説
○限界集落
　集落人口の過半を65歳以上の高齢者が占め、かつ社会的共同生活を維持することが難しくなりつつある集落を指す。
○財産区
　市町村と同じく法人格を有するが、その財産または公の施設の管理及び処分また廃止についてのみ行為能力を有する法人。
○合併浄化槽
　台所、トイレ、洗面所、風呂場等から出る汚水を各家庭で浄化するもので、下水管のない家庭専用の処理設備。

第3章

地域づくりからコミュニティビジネスへ

木村 則夫（株式会社秋津野）

はじめに

　前章では、上秋津の住民が長年にわたる地域づくり活動を土台に、自ら直売所きてらを開設し、経営危機を乗り越え移転を果たすまでの期間に焦点を当て、コミュニティビジネスが展開するための基礎となる地域での合意形成プロセスについて紹介しました。

　ただし、直売所は経済活動だけの場ではありません。直売所きてらは、中山間地域に立地する環境でありながら、地域の人々が積極的に出荷や運営に携わることで、人材を育み仲間を増やすという役割も果たしています。地元産品を通じて、生産者と消費者との出会いや交流が進められるということは、今日で言う農村の「関係人口」創出にも大いに資する取り組みです。さらに地域の農業者にとっては、経営を支え、そしてそのあり方を考える場、情報交換の場としての役割も果たしているかと思います。また、地域の方々の拠り所でもある直売所は、高齢者にとって生きがいの場ともなっています。農家の高齢者が毎日、オートバイに乗って出荷できるのは、直売所が地域内に立地しているからこそです。"稼げる"直売所の立地セオリーには反しますが、農のある環境を消費者の方に体感して頂く役割も果たしています。

　直売所事業で生き残るために始まった「きてら詰め合わせセット」は、現在年3回の企画商品となり、今も直売所の経営を支えています。一方で、全国の農協組織が直売所事業に力を入れ始めた2000年以降は、直売所間の競争関係も激化していきました。

　本章では、加工場を併設した新たな直売所きてらが、どのように地域の経済活性化に貢献したのか、さらにはそれらの経験を踏まえて、上秋津でのコ

ミュニティビジネスがどのように進展したのかについて、紐解いてみたいと思います。

1．ジュース加工をめぐる試行錯誤

(1) 農産物は付加価値の時代に

　2002年頃から、国も県も農産物に付加価値をつけて販売し、農家の所得を向上させようということを盛んに発信していました。直売所もその付加価値をつけることができる場所であることは間違いありません。

　当時、上秋津の農家の大きな悩みは、市場出荷できないみかんや柑橘がタダ同然の値段で地域外に持ち出されていたことでした。20キロのコンテナ一杯の価格が、2002年当時で60円〜100円。選果場前に置かれた鉄のコンテナに入れられた加工用みかんは、大型のジュース工場へ向かうのですが、農家はこの加工用みかんの出荷時は、情けないというか、腹が立つのでしょうね。投げ捨てるような気持で鉄のコンテナへみかんを入れていました。

　半年も経つと高付加価値のついた高級なミカンジュースが「愛飲運動」と称して農家に戻ってきました。これで自分たちに経済的恩恵はあるのだろうかと疑問を持つ農家は多く、何とかならないものかと悩む日々が続いていました。そこで、直売所の移転時にアメリカ製のジュース搾汁機を導入し、きてら工房で農家が毎朝当番制でジュースを搾り、直売所で営業許可を得て、店頭のジュースサーバーでカップ一杯単位での販売を行うことになりました。

　農家の私たちが飲んでも美味しいというジュースの評判を聞きつけて、朝搾ったジュースが完売するようになりました。また、それまで直売所に立ち寄ることがなかった子連れのお母さんたちも来てくれるようになりました。やがて、祖父母が「孫に飲ませたい」ということで水筒やペットボトルの空き瓶まで持ってくるようになり、営業許可しか持っていない直売所での販売に限界を感じるようにもなっていました。

　きてらの役員間では、「なんとか瓶入りジュースをつくりたい。きてら工房にある機器で、瓶詰めジュースは出来ないだろうか」という声が挙がり、

和歌山県工業試験場から専門家に来ていただき、熱殺菌をして瓶入りジュースを試作することになりました。しかし、殺菌工程でどうしても焦げ臭い味が残ってしまうのです。少量でもミカンの持ち込みを許可してくれる県内のジュース工場を探しましたが、見つかりませんでした。隣の三重県に第三セクターでジュース工場が出来たという情報を得て交渉してみると「試作なら搾ってあげるよ」という返事を頂き、さっそく朝暗いうちにみかんを積み込んだトラックで上秋津を出発し、紀伊半島の山越しで三重県へ向かうことになりました。これを、きてら店頭で販売すると評判は上々で、きてら詰め合わせセットにも入れるとこれまた評判がいいことが分かりました。これならきてら工房で瓶入りジュースを製造しても売れるのではないかという自信も生まれ、いよいよジュース工場の建設に向けた検討が始まりました。

　直売所が新築移転してから一年後には、売上も倍増していました。しかし、ジュース事業を起ち上げるために金融機関から借り入れをして、工場建設や高額機器導入のために大きな投資をした場合、かりにジュース事業がつまずけば、直売所の運営までもが大きなリスクを背負うことになります。せっかく地域づくりでここまで来たのだから、そういうリスクは取り除かなけばという意見でまとまりました。

　資金が無いと何も始められない。どんなに小さくジュース工場を見積もっても1,500万円は必要です。農家に一人50万円持ち寄ってくれる方をと再び「手挙げ方式」で出資者を募りましたが、この50万円は大変高いハードルです。当時、選果場に加工用みかんを出荷すると、農家はキロ当たり3〜5円の手取りでしたが、事業がうまくいくかどうかの保証はありません。農家からすれば割に合わない投資でしたが、それでも21名の農家が呼びかけに応じてくれました。あと10名なんとか集められればと、これまで地域づくり活動で共に汗を流してくれた非農家の皆さん方にお願いすると、10名が50万円ずつ投資してくれることになり、小さいながらも自前のジュース工場が起ちあがりました。

（2）最初から、そう上手くはいかない

　見よう見まねでジュースづくりがスタートしましたが、当初思っていた通りのジュースができず辛抱の日の連続でした。かなりのジュースを無駄にしました。あまりにも上手くいかないので、当時那賀郡桃山町にあった農協のジュース工場に飛び込みでジュースの製造方法を教わりにも行きました。食品の衛生管理や製造工程は、みかんの生産とは全く別次元のものでしたが、それから工程の見直しや製造機械の新たな導入をはかりました。また、地元で食品加工会社に勤めておられた坂本さん（現「俺ん家ジュース工房」工場長）との出会いもあり、早速パートで手伝っていただくことになりました。試行錯誤の連続でしたが、ようやく今日の「俺ん家ジュース」が誕生しました。現在、「俺ん家ジュース」工房に原料を出荷して頂いている農家には、一キロ当たり最低60円を保障しています。これまで捨てられていたイメージの強い加工用みかんが大きな経済を生み出し始めたのです。

　事業がうまく流れ出したのは、直売所きてらという販売の場があったというのも大きな要因だったかもしれません。6次産業化（農商工連携）は投資・製造・販売というリスクをうまく乗り越えれば、大きな経済効果が得られます。また、直売所で年間を通じて販売できるアイテムともなります。地元産のみかん原料を使用したジュースとして、美味しさと同時に安心・安全を消費者の皆さんに伝えることができることに加えて、みかんの生果販売とジュース販売で相乗効果が得られるのも特徴かと思います。そして何よりの効果は、今後のみかん栽培に対する不安（価格下落）を農家から取り除いたことではないかと考えています。

2．廃校活用で都市農村交流を

（1）新築移転で旧校舎が残る

　上秋津小学校の新築移転にむけて、平成に入る頃から建築委員会が起ちあがり、新小学校候補地の交渉が続けられていましたが、前進することはありませんでした。平成12年から組織の仕切り直しを行い、当時の小学校の

第Ⅰ部　地域づくりの理論と上秋津

PTA役員で、再度上秋津小学校の建築委員会を発足し、会長に当時のPTA会長を選任して再スタートとなりました。候補地の方向性を大きく転換し、上秋津若者広場とその周辺に上秋津小学校を、そして新若者広場を上秋津中学校周辺に新しく建設することとなり、地権者である地元住民や愛郷会の了承を得て、田辺市との間で建設取り決めが行われました。

　市側との交渉の過程で、上秋津小学校新築移転後は、旧校舎は取り壊し更地にし、田辺市が処分する方向で合意がなされました。しかし、よく考えてみればあの小学校跡地は上秋津に残された最後の一等地です。かりに宅地化して住宅販売を行っても、家と人口が増えるだけで地域活性化に結びつくかどうかは疑問でもありました。

　秋津野塾の本部役員が何度も田辺市へ足を運び、なんとか上秋津小学校跡地の利用の方向性を考え直してもらうことはできないか。可能であれば、地元で跡地利用の方向性を検討させて欲しいと市側と交渉を重ねた結果、地域活性化に結びつくような方向性を見出すことができるのであれば再検討の余地はあるということで、1年間の時間的余裕を与えてもらうことができました。上秋津小学校の建築委員会と田辺市との合意がなされた後に横やりを入れる形となったことで後味の悪さが残りましたが、当時市との協議を担当してきた秋津野塾の三役をはじめ地域の先輩方は、10年後に上秋津小学校跡地利用の新たな姿を見せることができれば必ず理解してもらえると確信していたようです。

(2) 現上秋津小学校校舎活用検討委員会の発足

　平成15年の秋、秋津野塾は、地域住民に加え、和歌山大学の教員や廃校活用の先行事例に取り組むグループのリーダーらを委員に招き、40名ほどの「現上秋津小学校校舎活用検討委員会（以下、検討委員会）」を組織しました。その後約1年間をかけて、保存に必要な費用試算を含め、活用するための方法を検討することになりますが、激しい議論も飛び交っていました。

　田辺市との交渉が続く中、秋津野塾主催の先進地視察で、中山道沿いの宿

場町をそのまま保存し、その中で生活を営んでいる木曽の馬籠（まごめ）宿を訪れる機会を得ました。江戸時代にタイムスリップしたような気持ちにさせてくれたことはもちろんですが、隣接する妻籠（つまご）宿の三原則である「売らない・貸さない・壊さない」も非常に印象に残りました。ここでは、歴史的な建物を保存することで外から人を呼び込み、地域を活性化させていました。上秋津にはこのような宿や歴史的な建造物は無いものの、昭和の雰囲気が漂う上秋津小学校の木造校舎は貴重な地域資源ではないかと改めて考えることになりました。

折しも上秋津女性の会が東北地方の廃校活用事例の視察に出かけた際、最も印象に残ったのは岩手県南三陸町の『校舎の宿　さんさん館』であったようです。提出された視察報告の写真を見ると、上秋津小学校の北校舎の雰囲気にそっくりでした。その後、検討委員会も近隣の廃校活用事例として徳島県勝浦町の『ふれあいの里さかもと』の視察に出かけ、地域住民が坂本グリーンツーリズム運営委員会を設置し、宿泊、料理、グリーンツーリズム事業を行っていることに感銘を受けました。さらに、中山間委員会や町内会、土木委員会合同の視察では、兵庫県多可町の『フロイデン八千代』、『ブルーメンやまと』などの滞在型市民農園の視察も行いました。このように上秋津の各組織のメンバーが、廃校活用やグリーンツーリズムに関する予備知識を蓄えていきました。

そして、1年後には木造旧校舎を拠点とする「秋津野ガルテン」という事業構想が出来上がってきました。当時の増田総務大臣も、廃校となる旧上秋津小学校に足を運ばれ、住民主体でまとめ上げた廃校舎活用計画を聴き取って、熱い激励と応援をしてくれました。本来なら、行政にも積極的な役割が期待されるはずの小学校跡地の利活用や地域活性化計画ですが、上秋津では地域住民主体で『地域資源を活かした都市と農村の交流事業』の計画書をまとめ上げました。

第Ⅰ部　地域づくりの理論と上秋津

(3) 地域で学校を買い取る

　当初、検討委員会は、上秋津の地域活性化のため住民が頑張っているのだから、田辺市は地域活性化の観点から無償で小学校の跡地と校舎を利用させてくれるだろうと期待していました。しかし、残念なことに、度重なる田辺市との交渉の結果、両者が歩み寄れるのは上秋津で小学校を買い取ること以外の選択肢は無いということになりました。そして、田辺市からは小学校の跡地の買い取りに1億円という額の提示がありました。

　地域づくりでは天文学的な数字です。愛郷会の総会で果たして議決出来るのだろうか……。この高いハードルに、一度はこの計画を諦めかけていました。しかし、預金通帳にただお金が入っているというだけでは、地域の活性化は実現できません。預金も財産なら学校跡地も財産、これらを置き換えることができれば、預金利息以上の価値を生み出せるのではないかと考えました。当時、愛郷会は何か所もの土地を数十年にわたり無償で田辺市の施設に貸与していましたので、それらも含め市と相殺交渉をすれば愛郷会の負担は少なくなるのではないかなど、様々な試算をもとに交渉が進められました。また、並行して全世帯に予め今回の事業計画書を配布し、少しでも地域に元気が残っているうちに上秋津小学校跡地を活用した都市農村交流によって地域を活性化したいと訴えかけました。

　平成18年12月下旬、愛郷会の臨時総会では1時間以上反対派の意見ばかりが会場に響いていました。検討委員会の委員全員「これでは難しいな」と感じ始めていました。そして、議長が「もう意見はありませんか」と発言を促したその時でした。それまで一言も発言せず黙って聞いておられた初老の会員がゆっくりと手を挙げ「やらしてみたら、なっとうよ（どうよ）」と短い意見を述べました。それをきっかけに、会場の雰囲気が一変し、学校跡地の買い取りは賛成多数で議決されることになりました。いま振り返ると、この出来事が、今回の計画の転換点だったことに間違いありません。

3．行政や地域を味方に住民が動き始める

(1) いかに行政の支援を受けるか

　検討委員会の計画を実現するためには、国の交付金や県・市の補助金も獲得しなければ、旧校舎の整備やレストラン棟の建築費用の捻出が難しいことは明らかでした。2005年4月の田辺市広域合併を機に行われた市長選で誕生した真砂市長は、それまでの財政緊縮派の市長とは異なり、登頂直後に検討委員会の計画に耳を傾けてくれました。少しずつ私たちの計画に風が吹いてきたような気がしました。

　和歌山県についても、当時の担当者と何度交渉しても話が進まないと感じていましたが、2006年11月に当時の木村知事に直接面会し、上秋津のこれまでの地域づくりとこれからやろうとする都市農村交流事業について説明する機会を得ました。知事も事前に私たちの計画書に目を通していてくれたのでしょう。「こういうことを地域住民が考え事業を起こそうとしているのに、なぜ県が応援しないのか」と職員に一喝。さらに知事は「上秋津のような地域が県内に沢山あったら、和歌山県ももっと変わる」と言われました。その後、県からの応援も積極的に頂けるようになりました。

　国については、これまでも農政局に陳情を行ったりして交付金のお願いをしておりましたが、最終的にどのような組織体で事業を行うのかについて、県農業会議の意見との相違が表面化していました。元来、上秋津は果樹産地ですので野菜生産の実績がありません。そこで、発足予定の株式会社が放任園や廃園を借り受けて野菜生産を行い、レストランに供給するという計画を立てていました。一方、農業会議側は「農地を借りて野菜生産をするのであれば株式会社では難しい」、「農業生産法人でなければ、市や県、国は今回の計画書に印鑑は押せない」と強く主張し、農業生産法人化を強く勧めてきました。私たちの事業は、主に農産物を生産するのではなく、あくまでも都市農村交流を行うことが目的です。当時、既に株式会社の農地利用も法律で認められていました。しかし、何度国への確認を求めても、帰ってくる答えは

同じ。無駄な時間が刻々と過ぎていきました。

そこで、当時の玉井会長と筆者（木村）とで、事前アポも取らず、ほとんど飛び込みに近い状態で農林水産省を訪問しました。私たちが南紀白浜空港を飛び立った頃、秋津野塾の役員が色々な繋がりを頼りに農林水産省の担当部局に連絡してくれていたことを後で知りました。「1996年に、豊かな村づくりで天皇杯を受賞した上秋津の2人がそちらに向かっているので宜しく」と伝えてくれていたようです。

農林水産省の補助金担当者に、事業計画と組織体に関して相談すると「あなた方のやろうとすることで、農業生産法人を立ち上げると様々な制限がかかり、却って事業を縛ることになりますよ」との説明。念押しのために、これから住民が起ち上げる株式会社でもこの交付金事業の対象になるかを尋ねると「計画書が適切であれば、問題なく交付金は出る」との返事でした。何ヵ月もこの問題で時間を費やしてきたのが阿呆らしくもなりました。

そして、他にも農林水産省に確認したいことがある旨を担当者に伝えると、その件についてはあちらの部局でと言われました。縦割りで仕事をしているので仕方ありませんが、親切に次々と部局を案内してくれました。天皇杯の力を感じることができた瞬間で、地域の先人・先輩たちへの感謝の思いで一杯となりました。最終的には、法律があるにもかかわらず田辺市の条例が整っていなかったということで、議会に上程して条例を制定して頂くことで決着しました。

(2) 地域応援が事業成功への近道

次は地域の番です。グリーンツーリズムや都市農村交流の意義を理解してもらうために、上秋津の11地区に出向いて住民にも説明しました。一般的にグリーンツーリズムは、「農山村地域において自然、文化、人々との交流を楽しむ滞在型の余暇活動」とされていますが、ヨーロッパ型をそのまま持ち込んでも、日本は休暇制度があっても休暇はとらない、とれない国民性ですので馴染みません。私たちの考えるグリーンツーリズムは、日本では都市と

農村の距離が比較的近く、長期休暇が取りにくいため、事業運営に際して日帰りや短期滞在型のツーリズムで効果を高めていきたい旨を説明しました。

　当時、グリーンツーリズムや都市農村交流の意義を説明しても、おそらく分かり難かったと思います。いきなり「そんなことをしても都会から人はやってこない」「跡地利用は行政に任しておけばよい」「いったい誰が事業するんや」「潰れたらどうする、どう責任取るんや」「検討委員に入っている人たちだけが儲けるのとちがうか」等々、かなり厳しい言葉を頂戴しました。11地区すべての地域での説明を終えた頃から、地域が騒がしくなりました。こういう事がないと住民は地域のことを真剣に考えないのかも知れませんが、一方で検討委員会の側でも準備不足を痛感していました。

　愛郷会の臨時総会で小学校跡地の買い取りが議決され、年明けの2007年1月に住民に向けて応援（出資）のお願いをしようと、再び11地区すべてで2回目の説明会を開催しました。今度は、誰が説明しても同じ内容が正しく住民に伝わるように、事業計画方針を明確化するとともに、パワーポイントを使って分かりやすく説明することを心掛けました。その際の計画方針はつぎの通りです。①事業主体は住民出資で法人化する（株式会社を起ち上げる）、②施設整備や機器導入等には交付金・補助金も利用する、③学校跡地は田辺市より地域（社団法人愛郷会）が買い取る、④運営は事業から得られた収益だけでまかなう、⑤グリーンツーリズム事業は事業の複合により安定化させる、⑥地域にあるすべての資源を活用する、⑦南校舎・講堂は取り壊し、北校舎を残し交流体験棟とする、⑧農家レストラン、宿泊棟は新しく建築する。なお、交付金については「国の農村漁村活性化プロジェクト支援交付金（整備費の50％）」、「県と市からの独自の補助金（県と市で整備費の25％）」のほか、利用できそうな小さな補助金や交付金も申請していくことを伝えました。

　2回目の地区別説明会には、1回目とは異なり事業の大切さや目的、そして起ち上げまでのロードマップなどを明確にして臨みましたので、住民の皆さんも理解しやすかったのではないかと思います。出資に関しては、検討委員会側もかなり案を練りました。1人の出資者が大きな権限を持つことなく、

かつ誰もが出資しやすいようにと、1株は2万円としました。「地域住民の出資は、議決権のある株で1人2万円から50万円までに制限」、「地域外からの出資は、議決権無しの株（A種議決権制限株式）で出資制限は無し」。一部の人のみが儲けるために行う事業ではなく、また株主に配当を与える目的のためにだけに行う事業でもなく、あくまでも地域を活性化することが目的であることを強調して説明に臨みました。その結果、どの地域でも1年前の説明会とは異なり、前向きな意見や質問が出されました。

(3) 出資への期待

出資については、これまでの検討委員会の役員以外に、地域の多くの方に出資の呼びかけ人になって頂くとともに、全世帯に出資お願いの案内も配布しました。また、今回の事業費を見積もると非常に大きな資金が必要で、交付金を活用しても地元でかなりの出資を集めないと事業化は厳しいということは容易に想像がつきました。地域内だけでは無理だろうと判断し、役員が地域外の方にも一人一人お願いをしてまわりました。

その結果、398名の出資者を得て、出資金も3,330万円まで積み上げることが出来ました。出資の締め切りから1年、工事が始まり出した頃には、地域内から「私も株主になりたかった…」「これからでも出資できないか？」という声が寄せられるようにまでなっていました。事業化認定を受けて、国や県・市の交付金補助も決定し、目に見える形で上秋津小学校跡地が変わり始めていました。その後、増資を実施したところ、新たに91名の方からの出資を得て、最終的に「資本金（増資後）4,180万円、出資者498名（2008年9月30日）」内訳は「地区内：266人（1,190株）議決権あり」「地区外：132人（900株）A種議決権制限株」となり、支援の拡がりと同時に期待も感じられました。

どうして出資が集まったのかについて考えてみると幾つかの要因があるように思います。一つには、廃校になってから慌てて計画するのではなく、廃校になる何年も前から計画的に準備（意識形成）をしてきたことです。1998

年頃から秋津野塾では、廃校活用の先進地の方を招いて講演や研修会を開催しており、関連した視察も頻繁に行われていました。二つ目は、旧校舎の佇まいを可能な限り維持したことです。究極の地域資源とも言うべき上秋津小学校には、何千人という卒業生と教員、父兄の心が宿っています。したがって、この校舎を潰して更地にして新しい建物を建てるという計画であれば、ここまでの住民出資は得られなかったと思います。誰しも、自分の巣立った学び舎はいつまでもそこにあり続けてほしいと願うものでしょう。三つ目として、地域の外部からの評価を通じて住民が自らの地域に誇りを持てるように変わってきたことが挙げられます。過去からの地域づくり活動の積み上げによって秋津野塾のイベントには地域外からも多くの参加者が訪れるようになっていました。そして、直売所きてらや俺ん家ジュース倶楽部などのコミュニティビジネスが成果を生み出すなど、1994年に始まった秋津野塾の地域づくり活動がマスメディアを通じて多くの方に伝わり、地域内外からの評価を得てきたことが出資に結びついたと考えています。

(4) 建築委員会の焦り

　計画が順調に進むなか、私たちの計画の重要な柱の一つでもある農家レストランの運営者が決まりませんでした。すでに検討委員会は「建設委員会」と名を変えて、着々と計画が進みだしていましたが、農家レストランの運営を安易に外部業者に委託すれば、事業のコンセプトや計画そのものの意義が失われることから、なんとかしなければならない状況に追い込まれていました。

　建築委員会は、国土交通省のソフト事業「食の拠点づくり」を利用し、まずは上秋津農家レストランを考える会を設置し、紀伊半島にある農家レストランの視察に動き出します。きてら工房を利用していた女性グループに誘いをかけ、和歌山県北山村の『かからの食の店』、三重県尾鷲市の『夢古道おわせ・スカイフード』、同じく三重県津市の『モクモク直営農場レストラン・風にふかれて』などをそれぞれ訪問しました。視察後は、早速グループごと

第Ⅰ部　地域づくりの理論と上秋津

に自慢の料理を農村センターに持ち寄り、農家レストランの模擬店を開催。お客さまは公民館活動で集められた地元の人たちです。春メニュー80名、夏メニュー150名、冬メニュー30名の方々に試食をお願いし、様々な形態の農家レストランをイメージしながら検討を重ねました。

　評判は上々で、お客さまからは、口々に「美味しい。これなら十分農家レストランをやれる」とお褒めの言葉を頂いておりましたので、いずれかのグループが手を挙げてくれるだろうと建築委員会の期待は高まりましたが、どのグループにお願いしても良い返事は得られませんでした。私たちが当初から考えていた「ありのままの家庭料理の提供」というコンセプトに対して、「そんな料理を出してもお客さんを呼べるはずがない」という女性たちの不安感・抵抗感は根強く、運営者探しは益々追い込まれていきました。

　そこで、女性グループを同行して、直売所きてらや秋津野ガルテンの設置計画時にいつも参考にしていた大分県日田市で大山町農協が経営する『農家レストラン・木の花ガルテン』への視察に出かけることにしました。視察研修後、併設のレストランで食事を頂くと、そこには上秋津で家庭の食卓に並ぶような料理ばかりが並んでいました。

　参加者から感想を聞くと、「こんな料理でいいの？」「これでいいの？」と視察先には少々失礼な言葉が並びましたが、女性たちは随分と納得したようでした。そして、視察から戻ったのちに、リーダー格の黒田さんを筆頭に4名の女性が集まり、レストランの運営がスタートすることになりました。一度決心すると、あっという間に多くの調理スタッフを集めるなど、女性たちのパワーには驚くばかりでした。

4．誕生！都市と農村の交流施設「秋津野ガルテン」

(1) 農家レストラン「みかん畑」の開店に向けて

　オープン当日の2008年11月1日、いきなりの大問題発生です。お昼前頃になると農家レストラン「みかん畑」の玄関前には長蛇の列ができ、駐車場に入れない車が沿道に溢れました。予想をはるかに超えるお客さまがお越しに

なったのです。

　一方、レストランチームのお母さんたちは、プロの料理人に出汁の取り方を教えてもらっただけで、いくら地元食材の強みを活かすとはいえ、勝負できるのは上秋津の一般的な家庭料理を提供することでお客さまを呼び込むというコンセプトのみでした。また、計画段階では「レストランは宿泊定員の32名が2回に分けて食べることができる規模で」との行政側の意見が採用されており、主婦がつくる家庭料理を一般のお客さまが大勢食べにくるという事態は想定されてはいませんでした。実際に、当初の建屋規模は16名定員のレストランホールと厨房を加えた程度だったのです。

　当然ながら、食事の提供は困難となり、何度も何度も頭を下げてお客さまにお帰り頂くことになってしまいました。それでも、オープン後数日が過ぎてもお客さまの足が遠のくことはありませんでした。そこで、慌ててレストラン厨房やホールの増床に取り掛かることになりました。思い返せば、これまで何度も改造したことやら……。また、団体客に対応するために、旧校舎側にも新たに厨房施設を設けました。当初計画時の規模決定がいかに重要かを身に沁みて感じることとなりました。

　また、上秋津では、レストランの食材となるはずの地場野菜の供給に不安がありましたので、放任園地を会社で借り受けて野菜畑への復活作業に取り組む計画でした。雑草を刈り取り、トラクターを入れれば簡単に復活できると安易に考えていましたが、実際にはトラクターでは全く歯が立たず、結局はバックホー（油圧ショベル）を投入して、一つ一つ株おこしを行う作業から始めました。当初借り受けた園地は計3か所、どこも同じ作業が必要でしたが、レストランのオープン半年前には野菜づくりを始めることができるようになっていました。

　レストランの食材調達については、まずは自社農園、地元農家、直売所きてら、そして地元卸売市場の優先順で、それぞれの方にお願いして納品してもらっています。その他の食材もできる限り上秋津や田辺市内の商店から調達するようにしています。こうしますと少しでも地域の経済が回り始めます。

飲食業というのは本当に入れ替わりが激しく、昨日までラーメン屋だったところに、もう寿司が廻っています。儲からなければ、次々と撤退・進出を繰り返します。しかし、私たちのレストランは儲からなければやめてしまえとはいきません。都市農村交流によって地域を活性化するという大きな使命があるのです。

検討委員会メンバーの一人であった神吉先生（当時、和歌山大学システム工学部）から、このような木造校舎のある景観や環境は必ず経済につながるので大事だと諭されていました。秋津野ガルテンがオープンした2008年当時は、画像付きのブログの時代で、訪れた方のほとんどが木造校舎や中庭などの緑の空間をデジタルカメラに収めていました。そしてレストランでは、30種類のメニューから自ら選び盛り付けたプレート皿をデジカメに収め、画像をブログにアップし「廃校になった木造校舎をリノベーションした秋津野ガルテンで食事を楽しんできました」と添えていました。

一人一人のブログでの発信は拡がり、メディアの目にも留まるようになりました。さらに、メディアがメディアを呼び込んでくれた結果、都市と農村との交流施設『秋津野ガルテン』の存在は全国に伝えられていきました。現在は、インスタグラムやフェイスブックに代表されるSNS全盛の時代。スマートフォンの高画質な画像をその場から情報発信できるようになりましたので、ますます景観保全や料理の見せ方にこだわりが必要な時代となってきました。

(2)「モノ」から「コト」へと進む６次産業化

誕生して２年間、ランチバイキングにあれだけお客さんが来店していても、レストランが閉まると同時にまるで潮が引いた後のように、秋津野ガルテンは静けさに包まれていました。これだけ人が来てくれているのに勿体ないと、役員や職員からも口々に不満の声が聞こえてきました。人を呼び込んで満足して頂くのには、木造校舎とレストランだけでは限界があるのではと感じ始めていた頃、秋津野ガルテンでの滞在時間を増やすための対策として、昼食

時間以外も営業するカフェやスイーツづくりなどの「体験工房」の必要性についてのアイディアが寄せられました。

　そこで、直売所きてらに毎日のようにお菓子を作って出荷してくれていた出島さん（現、お菓子体験工房『バレンシア畑』店長）に、地元柑橘にこだわったスイーツづくり体験とカフェの店を相談したところ、「やってみる」との返事を頂きました。しかし一方では、オープンして一年半、まだまだ秋津野ガルテンの経営は軌道に乗っているとは言えず、ここで新規事業のための建屋や機器の準備とスタッフ雇用に踏みきるのは負担が大きいことも事実でした。そこで、直売所きてらの運営会社（株式会社きてら）と協議を重ねた結果、菓子づくり体験とカフェの運営は、株式会社きてらに任せることになりました。突貫工事で中庭の奥待ったスペースに、お菓子体験工房『バレンシア畑』を新築し、スイーツづくり体験やカフェを手探り状態でスタートしました。当初は、場所も目立たず、なかなか客足が伸びませんでしたが、現在では秋津野ガルテンの施設内で最も良い場所を確保し、移転しています。

　その効果もあって、カフェメニューでは夏定番のかき氷、冬にはクレープやフルーツパフェなども人気商品が誕生しました。その後、多種多様な柑橘原料を活かしたジャムやピール（外果皮）などの6次産業化商品の開発販売も順調に拡がり経営も安定しています。コロナ禍当時、各種の行動制限が求められる中ではありましたが、近隣の市町村や県内の学校からの体験が増え賑わう日も多く、まさにマイクロツーリズム時代を感じずにはいられませんでした。

　みかんの樹オーナー制度については、当初からグリーツーリズム計画の中に書き込んでおり、初年度から農家の協力を得てオーナー募集を行いました。そして、12月になってオーナーの方々がみかん収穫にやって来たまでは良かったのですが、受入農家からは収穫作業の繁忙期にオーナーを園地に案内して収穫を体験してもらうことが大変負担であると不評でした。このままでは、次年度からのオーナー制度の存続も危ぶまれる。もっと効率の良い仕組みはないものか考えあぐねていた矢先のこと、TV東京の通販番組の担当者

第Ⅰ部　地域づくりの理論と上秋津

とのご縁があり、現在のオーナー制度の仕組みが誕生しました。それは、TVやインターネットでみかんの樹オーナー募集を行い、8月から11月までのあいだ月2回、農家は決められたアングルでみかんの成長の様子をカメラに収め、そして毎月手紙を書いて各オーナーに届け、12月には指定場所に発送をするといった仕組みです。全国ネットでの通販番組ですので、地域の様子なども番組の中で伝えて頂くことで、日本全国に上秋津やみかん産地の情報が届けられていきました。

　また、上秋津小学校の農業体験支援委員会による活動や中学校での農事体験学習など地域で早くから定着していた体験型の行事もグリーンツーリズム計画を進める上でのヒントになりました。まずは、農業を"がっつり"体験するのではなく、収穫体験で農家の園地を訪問し、みかんの収穫方法などを教えてもらいながら味わう、いわゆる「みかん狩り」方式が主流です。そして、もう少し深く農業を体験したいという方に向けては、半日か一日、園地に出向き軽い農作業を農家と一緒にする体験を用意しました。さらにもう少し本格的にという方には、「ワーキングホリデー（援農ボランティア）」として秋津野ガルテンに宿泊して、農家の園地に出動して農作業を手伝って頂くというプログラムも実施しています。

　また、秋津野ガルテンには、関西の幾つかの大学からインターシップの受入要請があり、農家レストランみかん畑や直売所きてらでの学生の受入れを行ってきました。最近では、将来の農的関係人口として期待できる学生に、実際の農業現場を見てもらうことを目的として、参加者には必ず園地に出向いて農作業に携わることを条件としてインターンシップを受け入れています。これによって、一人でも多くの学生が現場で頑張っている農業者の姿に接し、直接話をすることで農業・農村が抱えている問題を自分ごととして捉えてもらうことができるのではないかと考えています。

5．地域づくりはひとづくり
(1) 地域づくり人材育成のための"学び舎"として

　秋津野ガルテンは、上秋津小学校の"学び舎"でした。これからも"学び舎"としての役割を果たすとともに、上秋津の地域づくりの歴史も併せて学ぶことのできる仕組みをつくりたいと考えていました。そこで、経済産業省「農商工連携等促進人材創出事業（2008-10年度）」の指定を受けたことをきっかけに、上秋津が蓄積してきた地域づくりの経験から学び、そのエッセンスを各地から集う受講生が各々の地域に持ち帰ること、さらには上秋津における新たなコミュニティビジネスを創出するための人材を育成することを目的として『秋津野地域づくり学校』を開校することになりました。ここで学んだ地元受講生の多くは、今も上秋津や田辺市のコミュニティビジネスの牽引役として頑張っています。

　また、引き続いて地元田辺市からの委託により3年間開講した『紀州熊野地域づくり学校（2011-13年度）』では、基礎的な講義と並行してフィールドワークやワークショップを組み合わせながら、「廃校の利活用を考える」「これからのエネルギーを考える」などの講座を開講しました。また、受講生による自主ゼミ活動として、先進地視察や「耕作放棄地の有効活用策」「新商品開発」等のグループ研究を行ったことは、その後の新たな6次産業化商品の誕生につながる布石ともなりました。

　そして、6年が経過した『地域づくり学校』の人材育成の成果を受け継ぐ形で、和歌山大学南紀熊野サテライトの授業の一環として、秋津野ガルテンに全国から多彩な講師陣を招き、大学生と一般受講生が共に地域の活性化や課題解決の糸口を学ぶ学部開放講義『地域づくり戦略論～地域づくりの理論と実践～』がスタートしました。行政からの補助金は一切受けず、公益財団法人・江頭ホスピタリティ事業振興財団から教育分野への助成を受け10年もの間、人材育成の取り組みを継続してきました。長期間にわたって、秋津野での地域づくり人材創出を支援して頂いた江頭財団には感謝の言葉もありま

第Ⅰ部　地域づくりの理論と上秋津

せん。

　2008年に『秋津野地域づくり学校』がスタートしてから16年、上秋津は多くの方々との繋がりとネットワークに恵まれ、そして何よりも多くの地域づくり人材の創出に貢献できたことに、今は誇りを感じています。

(2) "開かれた"農村には人々がやってくる

　直売所きてら、秋津野ガルテンの運営が順調に続いていることから、他所から多くの方々が上秋津を訪れてくれます。このことで、上秋津は"開かれた"農村であるというイメージを持って頂くことにも繋がっているのではないでしょうか。"開かれた"地域というイメージは、人口減少時代において重要なキーワードになるのかも知れません。

　2008年の秋津野ガルテン開設以来、国内および世界からも数多くの人々が上秋津を訪れ、宿泊も伴うようになってきています。とくにインバウンド（外国人観光客）の訪問は、自然と子供たちの目にも止まります。コロナ禍前の2019年には、年間400人以上のインバウンドが秋津野ガルテンに宿泊しています。そして、みかん収穫体験やスイーツづくり体験も日本人観光客と同様に行っています。また、地元の千光寺さん、宝満寺さんの協力を得て座禅体験などにより異文化を味わう機会も提供しています。

　このように、多くのインバウンドが上秋津にやってきますので、秋津野ガルテンのホームページはもちろん、パンフレットや案内看板、そして道標に及ぶまで英語でも表記するように工夫しています。地域の主たるお寺や神社にも英語表記の説明看板を立てたほか、地域周遊マップや熊野早駈道マップなどにも英語版を用意しています。

　上秋津のような地方の農村にも、欧米・オセアニアを中心に多くの観光客が訪れている姿に接した子供たちに、世界共通語化されている英語の必要性を肌で感じてもらえるのではないかと考えています。いつの日にか、上秋津の里から世界で活躍するインターナショナルな人材が誕生することを夢見ずにはいられません。

(3) 地域の内と外を繋ぐ窓口として〜農村RMOとして求められる役割〜

　『地域づくり学校』や『地域づくり戦略論』の講師として秋津野ガルテンにお出で頂いく専門家や大学の先生方から、上秋津はこれまでの地域づくりの中で、すでに「農村RMO」としての要件を備えているのではないかと言われることがあります。

　筆者は、今ある組織体が緩やかに連携することで、新たな地域づくりの形が出来上がっていくのではと考えています。その形が見えて来たきっかけは、秋津野版「農村ワーキングホリデー」の仕組みづくりでした。農村ワーキングホリデーは、十数年前から和歌山大学との連携のなかで、農業や農村に関心を持つ学生の参加を得て実施してきました。ところが、本来は「Win-Winの関係（農業や農村に関心を持つ非農家市民が繁忙期の農作業を支援する代わりに、農家側が民泊などで寝食と交流機会を提供するという金銭の授受を伴わない対等平等の関係）」であるはずの学生たち、受入農家の双方にとって、実際には継続することが困難な問題が内在していることが分かりました。というのは、農家からみれば、たとえ繁忙期の労働力として学生の援農作業に期待を寄せるとしても、自宅で学生たちの食事と宿泊の世話をするのが難しい場合には受け入れ自体を躊躇することなります。とはいえ、食事と宿泊のみ農家から切り離して別に確保するとした場合の経費を農家が負担することも難しいのが実情です。そして、たとえ寝食のみの外部委託が可能であったとしても、それを援農参加を希望する学生の立場からみると、最大の関心事である"寝食を共にすることで得られる共感や農家との交流機会"が喪われることにも繋がります。

　秋津野版「農村ワーキングホリデー」は、秋津野ガルテンが援農作業に参加する学生たちに期間中の宿泊と食事の双方を無償で提供し、農家は施設から農園までの学生の送迎を行うのみで援農労働力を利用できるという仕組みで、学生たちの宿泊と食事の費用は、上秋津中山間委員会との合意により、中山間地直接支払制度の「加算措置」を利用することで賄うことになっています。また、参加学生と農家との交流機会についても、作業期間中に一度は

各受入農家が秋津野ガルテンに集まり、学生たちとの懇親会を開催することで補っています。これによって、参加学生、受入農家双方の負担は軽減され、参加（受入）し易くなったと好評を得ています。

その他にも、大型で効率の良い自走式草刈機や剪定枝の大型シュレッダーを保有する「株式会社秋津野ゆい」と「株式会社秋津野」、そして上秋津中山間委員会とが連携して、同じように加算措置を活用した農機のレンタル事業も始まりました。ここでも、株式会社秋津野の困りごと解決に至る窓口機能が重要な役割を果たしています。また現在では、秋津野塾に参画していた老人クラブも解散し、高齢者ニーズもつかみ辛くなっていることから、農村RMOの関連予算を獲得して年4回お年寄りに向けたサロンバスの運行などにも取り組み、高齢者の意見を集約する試みにもチャレンジしています。

おわりに

前章で述べたように、上秋津は昭和の終わり頃に山間部や市街地から多くの方々が移り住むという経験をしてきました。最近になって、上秋津小・中学校の卒業生で、当時非常に盛んだった地域づくり活動の中で育った子供たちが、"終の住処"は上秋津でという思いを抱き移り住むようになってきているようです。地域づくりの効果が現れるのには20～30年掛かることもあるのだなと改めて実感させられます。

上秋津には、まだまだ地域コミュニティが残っており、これからも新たな取り組みが生まれる可能性はあります。30年前に結成された秋津野塾が目指してきた地域づくりの精神は現代に受け継がれ、さらなる地域づくりの段階へと歩みを進めています。時代が後追いしてくるような先進的な地域づくりを実践し、時には大きな決断を行ってきたことが、その後の地域づくりの持続性に繋がっています。

面倒くさく、結果が直ぐに現れないのが地域づくりです。お金だけを投入しても地域づくりは進みません。そして、その成果を数値化することが難しいのも地域づくりです。何十年にもわたってコツコツと土台を築いてこられ

た先輩たちに、今は感謝しかありません。地域づくりは、そこに暮らす住民が当事者意識を持ち、「社会性・革新性・持続性」を意識しながら、次の世代へと緩やかにバトンを繋いでいく取り組みと言えるのではないでしょうか。

用語解説
○コミュニティビジネス
　地域課題の解決を「ビジネス」の手法で取り組むもので、地域の人材やノウハウ、施設、資金を活用することにより、地域における新たな創業や雇用の創出、働きがい、生きがいを生み出し、地域コミュニティの活性化に寄与するものと期待されている。
○農村RMO（Region Management Organization）
　複数の集落の機能を補完して、農用地保全活動や農業を核とした経済活動と併せて、生活支援等地域コミュニティの維持に資する取り組みを行う組織のこと。

〈コラム4〉
地域づくり学校と私
柏木 満（株式会社秋津野　専務）

　2014年～2018年の「地域づくり戦略論」そして2019年～2023年の「地域づくりの理論と実践」が開講して10年になりました。この和歌山大学、江頭財団が提供した講座の前段に2008年～2010年に経済産業省の補助金で開校した「秋津野地域づくり学校」、そして2011年～2013年に田辺市の補助金で開校した「紀州熊野地域づくり学校」があります。
　2009年9月26日地域づくり学校の開校式的な意味あいで催されたオープニングフォーラムに真砂田辺市長が参加することから、地区の先輩に賑やかし要員として声がかかりフォーラムへ参加しました。フォーラム終了後も誘われるままに、後半の研修会に参加。翌日の研修会に参加すると「研修生自身が地域づくりの課題を掘り下げ、地域の次の展開を目指した取組を模索する自主的な学び」に取組む班別メンバーに組込まれて、脱出しづらい状況に追い込まれたのが、上秋津の地域づくりにかかわるようになったきっかけだと思い込んでいたのですが。

第Ⅰ部　地域づくりの理論と上秋津

　実は前段があり、秋津野ガルテン主導で農家14軒による秋津野農家民泊の会を立ち上げる動きのなかで、私にもお誘いがあり、9月10日〜11日で北海道長沼町へ民泊体験も含む研修旅行に参加していたのでした。
　田辺市上秋津には妻の実家があり農家を営んでいまして、私は妻と結婚して養子になりました。
　農家を継いでくれと言われたことはなく、大阪支社・東京支社・和歌山本社と転勤を繰り返しながら勤め人生活を送っていたのですが、2002年私が48歳の時に義父が亡くなったのを契機に上秋津に移り住みました。職はかわれど相変わらず勤め人でした。地域の人々とは地区の小溝掃除などの集落作業時に顔を合わせて挨拶程度の会話をするくらいで、地域の人々と深い接点のない生活でした。そんなこともあり、秋津野ガルテンに集う人々とのかかわりは新鮮で楽しいものでした。
　2009年〜2010年の地域づくり学校で私は「農村・好理由（のうそんこうりゅう）」チームに参加して、上秋津における農家民泊のあり方を探る学びを続けながら、秋津野農家民泊の会で年20人程度の受入先として稼働していきます。
　そのような活動を続けるうちに、2011年〜2013年の「紀州熊野地域づくり学校」では講師陣の一員となり、2011年に秋津野ガルテン（（株）秋津野）の非常勤取締役に、そして2019年に常勤の代表取締役専務になり、地域づくりに巻き込まれていきます。（私が強いて求めた訳でもないのに……。なんと秋津野ガルテンに集う人たちの「巻き込み力」が強いこと！）
　2023年に終了した「地域づくり学校の理論と実践」に至る15年間の地域づくり学校という学びの場での出会いそして交流の広がりが、出自はよそ者の私を地域づくりの渦中に少しづつ押しやっていったのだなあと今振り返って改めて思います。そして「地域づくり学校」の火を消してしまってはいけないと。

〈コラム5〉
「徒然なる地域づくり」
芝 翼（芝つばさ農園）

　秋津野ガルテンで始まった「地域づくり学校」に、はじめて参加してから16年が経ちました。発足当初の活動は、座学や交流と並行して、そこのメンバーでチームを作って実際の地域課題に取り組むというものでした。私は地域内外の6人と定期的に集まって、「橙の栽培・加工・販売を通して耕作放棄を防止する」という活動を2年間ほど行いました。

　その活動を機に始まった橙の加工・販売は今でも「直売所きてら」に根付いています。またこの活動の前には自分にとって机上の空論でしかなかった手法、すなわち「傾斜地で加工原料の柑橘を粗放栽培して耕作放棄を防ぐ」という経営手法は、今では当たり前のように自分の農園に組み込まれ、実際に耕作放棄を防いでいます。橙の他には、三宝柑、福原オレンジなどがあります。

　ところで「耕作放棄」自体は、当時は農政の重要課題でしたが、その後農業者の高齢化と共に「やむを得ない」という考えが大勢となり、さらに労働力不足が叫ばれる現在においては「条件不利農地は積極的に放棄し、条件の良い園地に経営資源を集中すべき」と考える農家が増え、それに伴い園地流動化のシステムも整ってきたので、現在では「所有地の管理責任放棄問題」に焦点がシフトしていると言えます。

　この課題は一事例なのでこれ以上言及はしませんが、その根底には、昨今の地域づくりと同じ葛藤があることを痛感しました。それは「選択と集中」に対する葛藤です。効率が悪いものを戦略的に棄てるということを突き詰めれば、「効率の悪い集落は解散すべき」「生産性のない人間は死ぬべき」という結論にまで簡単に行きつきますが、その「範囲」と「程度」には普遍的な正解は無いので、人と人との価値観の衝突は避けられません。

　私自身の中でもその葛藤を反芻しつつ、結局は10カ所に点在する自分のどの畑も放棄をしないという選択を続けて、今に至ります。最近では、それらの畑を活かすことにやりがいを感じていると、素直に言えます。共に働く仲間もいるし、後継者を育てたいとも思っています。そしてこの方針は、比較・検討の末決めたものではありません。あるところで思考を停止し、感情にまかせて「何となく」選んだ道です。そして現時点ではこの方針が、やる気と

希望をもたらしてくれます。

　話を地域づくりに戻します。

　地域の持続の根幹は、そこで人が暮らすことだと思います。地域に若い人が残らない、という声をよく聞きますが、生まれ育った地域で暮らし続けたいと「何となく」思う若者は決して少なくない気がします。もちろん都会や世界、特定の職業を目指す人もそれ以上にいるかもしれませんが。

　ですが私はこの、「将来もこの地域に住みたい」と何となく思っている若い人たちが、気楽に地域に残ってくれたらなと思います。現実には、「なかなか将来が決められない」と思い悩んでいるうちに、先生や友達や親に流されるまま何となく大学に行って、就職活動をして、地域から出て行ってしまう若者って、けっこういるんじゃないでしょうか？

　「ここで暮らす。」とまず決めて、環境に適応しながら試行錯誤しているうちに、だんだんうまいやり方が分かってきて、この地域で生きることがもっと楽しくなってくる。今の自分がまさにそんな感じです。他人や平均と比べたり、メディア的テンプレ像に振り回されたりしない限り、私たちはこの地域で、いくらでも幸せになれると思います。

　最近は仕事に少しゆとりをもって、小中学校に出向いて農業の授業をしたり、スポーツクラブで一緒に汗を流したり、祭の笛の音を村に響かせたりなどして、楽しく全力で生きている時間を子どもたちと共有することに努めています。そして時には面と向かって、「大人になっても上秋津で暮らしてほしい」と伝えていく。ささやかではありますが、これが今の私の「地域づくり学校」です。

第Ⅱ部
地域づくりとマネジメント

〈写真解説〉
- 左上：「連携力」を育むグループワーク導入型の講義
- 右上：上秋津における6次産業化の起点となった直売所「きてら」全景
- 左下：島根県川本町における地域運営組織「未来塾」のミーティング光景

第4章

求められる「連携力重視型」人材

牧野 光朗（追手門学院大学）

はじめに

　持続可能な地域に不可欠な「人材サイクル」構築のためには「3つのつくり」に取り組む必要があります。即ち地域を離れた若者が「帰ってきたいと思う人づくり」「帰って来られる産業づくり」「住み続けたいと感じる地域づくり」です。筆者は、これら「3つのつくり」を同時並行に進めるための鍵が「連携力」であり、右肩下がり時代の今こそ「連携力重視型」人材が求められていると捉えています。

1．右肩下がり時代に求められる「人材サイクル」の構築

　人口減少、少子化、高齢化の右肩下がりの時代において、地域の持続可能性を高めるために克服しなければならない課題は「人材サイクル」の構築です。我が国では、高度成長からバブルと言われた右肩上がりの時代はもちろん、今世紀に入って右肩下がりの時代になってからも、数多くの高校生が高校を卒業すると自分の生まれ育った地域を離れていきます。その割合は地域によって異なりますが、多くは7割から8割、あるいは9割の地域もあります。その後戻って来る人やIターンをする人もいるとは言え、全体の定着率は卒業生の3割から4割程度に留まる地域が多いようです。

　こうした状況を踏まえて図1のように地域を離れる若い人のその後の人生を表してみました。その内容を説明すると、「自分の生まれ育った地域からは何も学ばず、いい大学、いい会社に入ればいい人生が送れると信じてひたすら受験勉強に取り組んだ地方の若者が念願叶って大都市の大会社に就職はしたものの、待っていたのは長時間満員電車に詰め込まれる毎日や、転勤辞

第4章　求められる「連携力重視型」人材

（図1）

令の紙一枚で余儀なくされる家族との別居生活でした。そんな毎日に疲れ果て田舎に帰ってみると、そこもすっかり寂れていました」と言うものです。こうした状況は様々な地域で現実に起こっていますが、人も地域もしょぼくれてしまう原因は1コマ目にあると捉えています。偏差値一辺倒の自己完結的な人材育成の様子を示したものですが、こうした人材育成の仕方をしっかり検証もしないまま右肩下がりの時代になっても続けた結果、4コマ目のようにそのツケが地域社会に蔓延ってしまったように見えます。

　これに対して筆者は、「人材サイクル」が構築された社会を図2の様に捉えています。1コマ目に示したように、高校卒業までに地域を学び、地域に愛着を持った人材を育成する「地域人教育」を受けた若者は、高校を卒業して地域を離れても地域との関係を持ち続け、やがて子育て世代になる頃には「自分の子どもは自分の故郷で育てたい」と考えて帰郷し、地域を担う人材になる、というものです。その子ども達も地域を学んで地域に愛着を持てば、一旦はこの地を離れても帰ってくるようになるでしょう。こうした「人材サ

79

第Ⅱ部　地域づくりとマネジメント

（図２）

イクル」が構築されれば、４コマ目のように、例え右肩下がりの時代であっても地域には子どもから年配者まで多世代が住み続けるようになり、地域の持続可能性が高まるのです。

　こうした「人材サイクル」構築のためには「３つのつくり」に取り組む必要があります。即ち地域を離れた若者が「帰ってきたいと思う人づくり」「帰って来られる産業づくり」「住み続けたいと感じる地域づくり」です。

　特に図２の三コマ目を実現するためには、「帰って来られる産業づくり」が不可欠です。若い子育て世代が生まれ育った地域に帰ってきたいと思っても、そこで働くことができなければ帰りようがありません。一方、地域の産業に目を向ければ、農林水産業や製造業など、地域を支える産業の担い手不足が深刻化しています。こうした「卵が先か鶏が先か」のような地域の課題を克服して「人材サイクル」を構築するためには、前述した「３つのつくり」の内容を更に掘り下げて、若者が帰って来て働き続けることができる

「付加価値の高い産業づくり」と地域の産業を担う「付加価値を生み出す人づくり」を併せて進めなければなりません。筆者は、3つのつくりを同時並行に進めるための鍵を「連携力」と捉えています。いずれの「つくり」も行政や産業界、学校、自治組織、NPOなど「地域の多様な主体」が連携して取り組まないと上手くいかないものだからです。

2．「自己完結型組織」が地域の「エアポケット」を生む

　何故「連携力」が地域にとって重要なのでしょうか。これまで「産学官連携」のように、組織と組織を結びつける言葉として「連携」は様々な場面で用いられていますが、残念ながら今の日本社会では「連携力」が十分発揮されているとは言い難いと捉えています。なぜなら様々な課題が解決に至らないまま放置され「エアポケット」状態になっていることが多いからです。

　その典型的な事例として、今筆者が関わっている海洋レーダー事業について説明しましょう。海外の海洋レーダー事業の状況は、アメリカでも台湾でも海岸に沿ってくまなく海洋レーダーが整備され、波高や流速のデータが網羅的継続的に取られていて、海難防止や漁業の近代化、津波観測、海のゴミ回収など、様々な業務に活用されています。

　ビッグデータの時代と言われる今日、多くの人が日本でもこうしたデータの活用は当然なされているだろうと考えると思います。ところが日本における海洋レーダーの活用状況は東京湾、伊勢湾、大阪湾におけるゴミ回収や宮崎県日向灘における漁業近代化、2つの原子力発電所における津波観測程度に留まっており、観測範囲も活用目的もかなり限定されていると言わざるを得ません。波高や流速は本来様々な用途に活用できる基礎的なデータであるにも関わらず、管轄官庁によって活用が限定されてしまっています。このように日本の海洋レーダー事業は、「横串」と言われる相互に連携する仕組みを構築できないまま全体の効率的運用が阻害されているのです。

　こうした状況はよく「縦割りの弊害」と言われますが、筆者は、相互に関係する要素があっても連携しないまま個別に自らの守備範囲を決めてその範

囲で業務を完結させる組織を「自己完結型組織」と呼称しています。そして、こうした組織の周りには「エアポケット」が生じていて、そこに様々な課題が解決されないまま放置されていると捉えています。

　ここで「自己完結型組織」が地域の課題を放置して「エアポケット」を生んでいる状況を産業振興の観点から振り返ってみましょう。

　1960年前後から70年代前半まで、日本が高度成長を続けていた頃は「地域を発展させるためには産業振興が必要」との認識を企業、行政、金融それぞれの組織が有していたとしても、実際の取組においては産官金それぞれの組織で「自己完結」していたと捉えています。ただ、当時は国全体が経済成長している右肩上がりの時代でしたから地域の産業振興に関する課題が顕在化しにくかったのです。

　これに対して1970年代後半から2000年代前半は国の経済成長が鈍化して地域の産業振興に関する課題が顕在化するようになりました。それに伴って第三セクターの設立やPFI、PPP事業の取組など、個々の事業レベルでは地域の行政、企業、金融が連携を模索し始めました。しかし、それぞれの組織は「自己完結」から脱却できないままでした。

　地方においては、大都市圏に本社のある大企業の下請け、孫請けの仕事に依存している企業が多いため、生産物の付加価値が乏しく、地域を潤すに足る外貨（地域外からの収入）がなかなか稼げない状況が続いていました。

　また、地方銀行や信用金庫のような金融機関も、地域内で預金として集めた財貨を地域内よりも大都市圏の不動産業などに投資することに熱心になっていました。自らの利益追求だけに目を奪われ、情報が乏しい地域外での財貨の運用を続けたため、バブル崩壊後自らの首を絞める結果を招いた金融機関が続出し、そうした金融機関は地域経済に大きな負のインパクトを与えてしまいました。

　そして地方の行政、自治体における主な産業振興策は地域外からの工場誘致でした。工場誘致に成功すれば短期的には地域経済を潤す効果があったかも知れませんが、中長期的には誘致された企業が地域に根付かず、業績不振

第4章　求められる「連携力重視型」人材

で撤退することも多くありました。このような状況をジェイン・ジェイコブズは、その著書『発展する地域　衰退する地域：地域が自立するための経済学』（ちくま学芸文庫、2012年）において「衰退の取引」と呼んでいます。ジェイコブズは、デトロイトにおける自動車産業の衰退などを目の当たりにして、行政がいくら補助金を出して公共事業や工場誘致をしても中長期的には「発展する地域」はつくれない。それどころか発展に逆行する「衰退の取引」になってしまう、と考えたのです。

このように地域の企業も、金融機関も、自治体も、それぞれの組織が自己完結的に活動していたため、地域の産業振興という課題はなかなか解決できませんでした。筆者は地域経済の状況を図3のように金魚の入った水槽に例えています。公共投資や工場誘致によって外貨（地域外からの収入）をいくら入れても、それ以上に地域外への財貨の流出があるようでは水槽の水位は上がらない、と言うものです。詳しくは後述しますが、筆者は飯田市長就任前からこの水位を「地域の経済自立度」と呼称していました。当時こうした「水槽」の認識を持って産業振興策に取り組んでいた地域はほとんど無かったと思います。客観的な現状把握の欠落、まさに「エアポケット」状態でした。

多くの地域において、企業は下請に甘んじて自社の生産物に付加価値を付ける努力を怠って地域への外貨を増やすことができず、金融機関は集めた預金、つまり地域の財貨を地域内で循環させる努力を怠って地域外に流出させ、自治体は「衰退の取引」になるとは考えずに工場誘致に熱心に取り組みました。こうしたそれぞれの組織の「自己完結的」な取組では地域の「水槽」の水位＝「経済自立度」を上げることはとても困難なことでした。

そしてIT革命が起こった1990

（図3）地域経済の状況

年代半ば以降、欧米の地域が産学官金の連携によって地域に新たな付加価値をもたらすことに成果を上げてきた一方で、日本はバブル崩壊後の「失われた年月」を積み重ねることになります。さらに追い打ちをかけるように2000年代後半以降、人口減少、少子化、高齢化の右肩下がりの時代に入ってしまいました。

　これまで述べたことからお分かりのように、筆者は、全国の様々な地域において自治体や企業、金融機関などそれぞれの組織が長い間「自己完結的」であったことが「失われた30年」とも言われる日本の現状の一因になったのではないか、と捉えています。「自己完結型組織」が「エアポケット」を生むことは前述しましたが、奇しくも「失われた30年」と言う言葉は、この時代の「エアポケット」の状況を端的に表しているようにも思うのです。

3．「連携力重視型組織」が地域の「エアポケット」を埋める

　では何故「自己完結型組織」が「エアポケット」な状況に対応できないのでしょうか。それは、「自己完結型組織」が「自己完結型人材」で構成されているからと捉えています。

　図4は「自己完結型人材」の課題への対応を示しています。「自己完結型人材」は自分が解決できるとみなした課題については、しっかりその解決を図ります。しかし、自分だけでは解決できそうにないと考えた課題に対しては、できない理由を挙げて放置してしまいがちです。放置された課題は、図のドーナツの穴の部分のように「エアポケット」になってしまいます。

　これに対して、自分だけでは解決できないと見なした課題についても、当事者意識をもってその解決を図ろうとする人もいます。こうした人は、図5のように、自分の不足している部分を補える人材を探し、その人と連携することで課題解決を図ろうとします。筆者はこのような人材を「連携力重視型人材」と呼称しています。

　「自己完結型人材」が集まる組織は自らの利益のみを追求しがちな「自己完結型組織」になります。また、そうした組織ばかりの地域は放置された課

第4章　求められる「連携力重視型」人材

（図4）「自己完結型人材」

（図5）「連携力重視型人材」

題が多い「エアポケット」状態の「自己完結型地域」になってしまいます。

　一方、「連携力重視型人材」が集まる「連携力重視型組織」は他の組織との連携を志向し、そうしたネットワークから生まれる価値を重視します。こうした組織が連携力を発揮する「連携力重視型地域」では、地域の「エアポケット」を埋めて課題解決が図られることになります。

4．「エアポケット」を埋めるための「連携力重視型組織」への転換

（1）産業振興ビジョンの策定

　これまで述べたように、日本全体が右肩下がりの時代であっても、様々な課題に適時適切に対応できる持続可能な地域を創出するためには、地域の企業や金融機関、自治体が「自己完結型」から「連携力重視型」に転換し、地域の「エアポケット」を埋めていく仕組が必要です。では具体的にその転換をどのように進めていけばいいのでしょうか。本項では地域の産業振興の観

第Ⅱ部　地域づくりとマネジメント

点から飯田の経済自立度向上に向けた取組を事例に考察してみたいと思います。

①　地域経済の「見える化」による認識の共有

　ジェイン・ジェイコブズの「衰退の取引」については、地域経済を「水槽」に例えて既に説明しましたが、図6のようにこの「水槽」の水位を上げることができれば多くの魚が泳げるようになります。つまり外からの収入（外貨）を増やし、その財貨をなるべく地域外に出さずに地域内で循環させることができれば地域は豊かになり発展する、ということです。地域を「自己完結型」から「連携力重視型」に転換していくためには、まずこの水槽の水位のように、地域経済の状況を「見える化」する必要があります。水槽の水位を客観的に認識・共有できるようにすれば、その認識に基づいた議論が産学官金それぞれの組織間で可能となり、水位を上げるための産業振興ビジョンが描けるようになります。

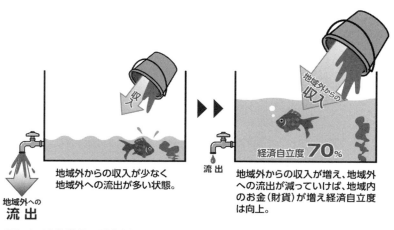

（図6）外貨獲得・財貨循環

第4章　求められる「連携力重視型」人材

② 産学官金連携による産業振興ビジョンの策定とPDCAに基づく実践

　こうした過程から策定された産業振興ビジョンは、ひとり行政のみが掲げる「願望」ではなく、実際に地域の産学官金それぞれの組織が連携して取り組めるものになります。飯田市においてはこの「水槽」の水位を地域の「経済自立度」と捉え、筆者は地元の金融機関の一つである飯田信用金庫にシンクタンクの立ち上げを提案し、このシンクタンクと市が協働して毎年地域の「経済自立度」を調査して公表することにしました。そして筆者は飯田の経済自立度の将来目標を70％に定め、経済自立度向上のために産業界や金融機関と共に産業振興ビジョンを「地域経済活性化プログラム」として毎年策定し、PDCAに基づいた様々な取組を長期にわたって継続的に実践してきたのです。

　尚、経済自立度を式に書くと**図7**のように分母が地域全体の必要所得額、分子が地域産業からの波及所得総額になります。

$$経済自立度 = \frac{地域産業からの波及所得総額}{地域全体の必要所得額}$$

（図7）経済自立度とは

　こうした飯田の産業づくりは全国から注目され、筆者は国の経済財政諮問会議の専門委員として、航空機産業参入に向けた取組やLED防犯灯開発プロジェクトなどを事例として挙げながら、地域の「連携力」を発揮した産業振興の重要性について政府に意見を述べてきたのです。

5．「エアポケット」を埋めるための「連携力重視型人材」の育成

(1) 求められる「連携力重視型人材」の育成

　これまで地域の産業振興の観点から「自己完結型組織」から「連携力重視型組織」に転換する必要性について述べてきましたが、こうした転換を継続的に進め、中長期的に地域の持続可能性を高めていくためには人材育成の観点が欠かせません。「人材サイクル」構築のためには。人づくりにおいても「自己完結型」から「連携力重視型」への転換が求められると捉えています。

第Ⅱ部　地域づくりとマネジメント

(2)「連携力重視型人材」を育成する「地域人教育」

　どうしたら「連携力重視型」の人材育成を進めることができるのか、長野県立飯田OIDE長姫高校の「地域人教育」を例に考えてみましょう。

　2012年度に長野県立飯田長姫高校（現飯田OIDE長姫高校）、松本大学、飯田市の３者で「地域人教育」に関するパートナーシップ協定が結ばれました。この協定が定める「地域人」とは、地域を愛し、理解して地域に貢献する人材のことを指します。「地域人教育」は、高校生が地域理解を深め、地域での生き方を考え、郷土愛を育むことを通じて地域を担う人材を育成することを目的とした教育プログラムであり、同校商業科において３年間の継続的・段階的な授業カリキュラムとして位置付けられ、高校生は「探究的」「体験的」「実践的」な学びを通じて自らの人生を切り拓いていく力を獲得することが求められます。特に３年次には、80名ほどの生徒が10グループに分かれて実際に地域に入り、地域の様々な活動に触れながら自分たちの課題意識に基づいた具体的な活動を実践していきます。このプログラムのキーポイントは、**図８**のように飯田市では若い世代が務めている公民館主事が高校と地域を繋ぐコーディネーターとして機能していることです。高校生の学びを深めるために若い公民館主事が寄り添い、地域住民の皆さんや学校の先生方とともに授業を組み立てています。この取組を進めるにあたり、高校、大学、公民館の３者による地域人教育推進委員会を月１回実施することで「共創の場」をつくっています。「共創の場」とは、課題解決に向けて当事者意識を有する様々な立場にある者が集って上下の区別なくアイデアを出し合い、評価しあって実行に結びつけていく「連携力」が発揮される場です。つまり、少なくとも地域人教育の分野においては、関係する組織は「連携力重視型組織」としてその機能を発揮しており、こうした機能とグループ中心に活動するフィールドワークが有機的に噛み合って「連携力重視型」の人材育成に繋がっていると捉えています。

　飯田の「地域人教育」は10年を超える継続した取組を重ねる中で着実に成果を上げてきています。最初は「面倒くさい授業」と捉えていた高校１年生

第4章 求められる「連携力重視型」人材

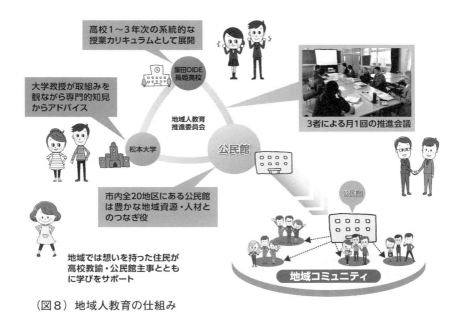

（図8）地域人教育の仕組み

が2年、3年と年を重ね、地域の大人の生き方に触れるうちに自らが問題意識を持つようになり、「私たち高校生にもできることはないか」「言われたことをやるのではなく、自分たちの考えで動くことが大切」と、自身の生き方や地域との関わりを考えるようになります。また、グループによる具体的な実践と振り返りを繰り返す中で連携力が鍛えられ、事業の企画力やプレゼンテーション力にも顕著な向上が見られるようになるのです。

(3) 「連携力重視型」の産業人材育成を目指す「マイスター・ハイスクール事業」

　文部科学省では2021年度から、地域において喫緊の課題である産業人材の育成に対応するため、専門高校等と地域の行政や産業界が一体となって取組む「マイスター・ハイスクール事業」を推進しています。「地域人教育」の立ち上げ以来「人材サイクル」構築の要となる高校教育の改革を経済財政諮問会議の専門委員会や中央教育審議会の場で提唱してきた筆者は、この事業

第Ⅱ部　地域づくりとマネジメント

に企画評価会議の主査（いわゆる座長）の立場で関わっています。当事業において「産業人材」という言葉は職人や既存産業の担い手、あるいはDX人材なども含めた広い意味で使われていますが、筆者自身は地域の将来を担う産業人材を育成する原点は「地域人教育」にある、と捉えています。つまり、「マイスター・ハイスクール事業」に関わる地域の企業、自治体、学校が「共創の場」を形成して連携力を発揮し、それをベースに「連携力重視型人材」の育成を図っていく、と言うものです。

　「地域人教育」の成果としては前述の通り生徒に顕著な変化が生じましたが、「マイスター・ハイスクール事業」においてはそうした定性的成果に加えて定量的成果についても報告されています。

　グラフ１、グラフ２は2024年１月の「マイスター・ハイスクール事業成果発表会」で新潟県立海洋高等学校が示した高校３年生のリテラシーとコンピテンシーの変化を示したものです。これを見れば分かる通り、リテラシー（情報収集力や情報処理能力等）については伸びが見られるものの全国平均を下回っているのに対し、コンピテンシーのうち連携力に関係する調和力や協働力などは大きく伸びて全国平均を上回っています。

　もちろん、これまでの学校教育において重視されてきたリテラシーに関する能力を伸ばすことは大切なことですが、地域の将来を担う産業人材の育成にとって、それだけで十分とは言えません。情報収集力や情報処理能力に係る仕事は今後AIに代替されていくとみられていますし、そもそもこうした能力のみを伸ばそうとする従来型の人材育成は「自己完結」に陥りやすいことに留意すべきです。

　これに対して「連携力重視型人材」を育成するためにはコンピテンシーに関する能力を伸ばすことにより意を配す必要がありますが、上述の通り「マイスター・ハイスクール事業」はこの分野で顕著な客観的成果を上げています。右肩下がりの時代において様々な地域課題を解決するためには、中長期的に継続して関係する組織の「連携力」を高めなければなりません。そのためには「連携力重視型人材」の育成が不可欠です。「マイスター・ハイス

第4章　求められる「連携力重視型」人材

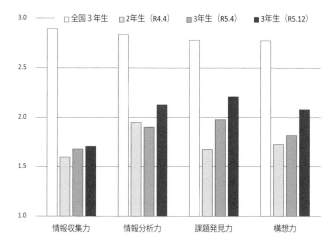

（グラフ１）３年生のリテラシー（R4年4月・R5年4月・R5年12月）
（2024年1月30日マイスター・ハイスクール事業成果発表会　新潟県立海洋高等学校資料より）

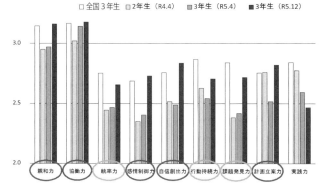

（グラフ２）３年生のコンピテンシー（R4年4月・R5年4月・R5年12月）
（2024年1月30日マイスター・ハイスクール事業成果発表会　新潟県立海洋高等学校資料より）

クール事業」を通してこうした「連携力」を有する産業人材を数多く輩出することができるようになれば、連携から生まれる付加価値によって地域産業の厚みを増すことも可能になるでしょう。そうなればより多くの子育て世代が生まれ育った地域に帰れるようになり、「人材サイクル」の構築が見えてきます。

第Ⅱ部　地域づくりとマネジメント

　まだまだ時間はかかるかも知れませんが、こうした「連携力」を高める取組が全国に広がっていけば、日本の「エアポケット」を埋めていくことも可能となるでしょう。千里の道も一歩から。自分の関わる地域の「連携力」を高めるために自分は何が出来るのか、当事者意識を持って実践していきましょう。

参考文献
牧野光朗編著『円卓の地域主義　共創の場づくりから生まれる善い地域とは』事業構想大学院大学出版部、2016年
牧野光朗「ジェイン・ジェイコブズに繋がる飯田市の市政経営」塩沢由典他編『ジェイン・ジェイコブズの世界　1916〜2006』藤原書店、2016年
『地域経済活性化プログラム』飯田市、2005年度より毎年策定
牧野光朗「「地域人教育」によって加速する「人材サイクル」の構築」『年頭所感及び市政経営の方向について』飯田市、2019年

イラスト図の出典
図1〜図8：牧野光朗『「連携力」を育む地域人教育』第1回きみの地域づくり学校修了記念講演、2024年3月23日

用語解説
○人材サイクル
　若者が生まれ育った地域を一旦離れても戻ってくる仕組み。筆者が参加した総務省定住自立圏構想研究会の報告書にも盛り込まれている（2008年5月『定住自立圏構想研究会報告書』本文p.15）。
○リテラシー
　情報を適切に理解、解釈して活用する能力。
○コンピテンシー
　高い業績を出す人に共通する行動特性。2017年の学習指導要領改訂においてはコンピテンシーを基盤とする教育課程への転換が図られた。

第5章
地域づくりとマネジメント

八島 雄士（和歌山大学）

はじめに

　講義（本講義という）でお話しした内容をまとめるにあたり、その背景として、小田切（2015）および広井（2019）にふれます。まず、小田切（2015）は、周知の通り、地方消滅論に対して、農山村の集落の動向を踏まえ、農山村の集落は、基本的には強靭で強い持続性を持っていることや集落には「臨界点」があることから、農山村集落は「強くて、弱い」という矛盾的統合体であることを指摘したうえで、「地域づくり」を体系的に整理し、反論としています。本講義を構成する上での基礎的な考え方としたのが、「暮らしのものさしづくり」、「暮らしの仕組みづくり」、「カネとその循環づくり」を軸に整理された「地域づくりのフレームワーク」です。次に、広井（2019）は、〝AIを活用した社会構想と政策提言〟の研究成果の１つとして、「2050年、日本は持続可能か？」という問題設定に対して、財政あるいは世代間継承性における持続可能性、格差拡大と人口における持続可能性、コミュニティないし「つながり」に関する持続可能性の３つの論点を問題意識のもと、AIを活用した日本社会の未来シミュレーションを行なっています。結果として、日本社会の持続可能性を実現する上での本質的な選択肢が「都市集中型」か「地方分散型」かという分岐であることが示され、ヒト・モノ・カネができる限り地域で循環するような「分散型の社会システム」が、人口や地域の持続可能性、健康、格差、幸福等の観点から望ましいことが示されています。本講義では、暗黙のところで前提としていましたが、文章化するに際し、改めて示します。

　本講義を担当しはじめたのは、「地域づくりとマネジメント」の視座がス

第Ⅱ部　地域づくりとマネジメント

タートした2019年でした。新型コロナウィルス感染症（Covid-19）が流行する前です。訪日旅行者が3100万人を超えた時期です（JNTO, n.d. a）。そこで、専門分野である管理会計の考え方を地域運営に適用することに加えて、観光経営の観点も含めて講義を進めました。具体的には、地域づくりにおける都市農村交流など、日本人の来訪者のみならず、海外からの来訪者の増加が、地域づくりにとって、機会か、脅威かといった問いからスタートしました。また、旅行者が自身の出発地から経由地を経て旅行目的地に移動し、旅行目的を達成したのちに、出発地に戻るというツーリズムシステムを議論の基礎的な考え方としました（Page, 2019）。

　以下では、地域づくりにおけるマネジメントについて、形成段階と運営段階を区別して議論を進めます。具体的には、秋津野ガルテンを中心とする田辺市上秋津地区の地域づくりを事例に、2では、形成段階から運営段階への接続に焦点をあて、「秋津野マスタープラン」について、企業経営における経営戦略管理ツールの1つである戦略マップで可視化し、焦点を絞って説明します。3では、運営段階における地域づくりの発展過程に着目し、法人運営としての質的な成長について整理します。また、質的成長の具体となる運営戦略について、アクションリサーチの手法で収集した情報を、戦略概念図として整理し、運営に関わる創意工夫を議論します。結果として、地域づくりをめぐるマネジメントには、前向きな動きの源となる「運動」を起こすことが重要であることを示します。管理会計では、成果を実現するための作用因（ドライバー）といいます。地域づくりでは、「運動」という言葉を使いたいと思います。秋津野ガルテンの運営主体である（株）秋津野の社長および会長を歴任された故玉井常貴氏（以下、玉井氏）が常に使われていた言葉であり、地域づくりのマネジメントの核となる概念としてふさわしいと考えています。換言すれば、管理会計の考え方を基礎に地域づくりのマネジメントを実践しているといえます。最後に、4では、本講義の振り返りを行い、今後の地域づくりの見通しを示します。

第 5 章　地域づくりとマネジメント

1．地域づくりの土台：形成段階から運営段階への接続

(1) はじめ

　地域づくりと日本政府の政策の動向で注目したのは、総務省が2013年から継続的に実施し、毎年、調査実施報告書を公表している「地域運営組織の形成及び持続的な運営に向けた取組」です（総務省, n.d. a）。本講義のなかで、地域づくりのマネジメントを形成段階および運営段階に分ける考え方は、小田切（2015）のほか、これらの報告書も参考としています。以下、2では、形成段階から運営段階への接続に焦点をあて、田辺市上秋津地区の地域づくりのこれまでの経過を総合的に知ることができる「秋津野塾」（秋津野塾, n.d. a）の情報に依拠して議論を進めます。特に注目するのは、「秋津野マスタープラン」（秋津野塾, n.d. b）（マスタープランとよぶ）です。秋津野塾と上秋津マスタープラン策定委員会が和歌山大学と協働で2002年10月にまとめた調査報告書が基本となっています。「ふるさとの地域づくりは、これまで取り組んできたとおりでよいのか、いま一度、原点に立ち返って考えようということが出発」とされています（秋津野塾, n.d. b）。また、秋津野地域づくり年表（秋津野塾, n.d. c）は、古くは、明治22（1889）年の「未曾有の大水害で甚大な被害。高尾山の崖崩れ数千箇所。田畑は全滅。」からスタートし、昭和31（1956）年、「上秋津村・上芳養村・中芳養村・秋津川村・三栖・長野村が合併し牟婁町」となり、直後の昭和32年に、社団法人上秋津愛郷会（あいごうかい）が発足し、すでに組織化されていました。しかし、本講義では、地域づくりの運営戦略に焦点をあてるため、マスタープラン作成の前後までを形成段階から運営段階への接続、秋津野直売所「きてら」を運営する農業法人株式会社きてら（2006年設立、以下、「きてら」）、都市農村交流施設「秋津野ガルテン」を運営する農業法人株式会社秋津野（2007年設立、以下、「秋津野」）の設立前後以降を運営段階とします。

(2) 戦略マップとは

まず、**図1**として、秋津野マスタープランの内容を情報源として作成した戦略マップを示しました。戦略マップは、組織や団体（組織という）のミッションやビジョンを達成する手段である経営戦略を管理するツールであるバランスト・スコアカードの4つの視点（財務、顧客、業務プロセス、学習と成長）を基礎に、戦略要素の設定、要素間の因果関係を可視化するもので、戦略に関する議論の叩き台として使うことができます。また、4つの視点は、利用する組織や団体の外部環境や内部環境に応じて設定することができます。**図1**では、5の視点を設定しました。一般的には、財務、顧客、業務システム、学習と成長という4つの視点を設定します。財務の視点は、売上や利益など財務的成果（財務成果という）を、顧客の視点は、顧客にとって意味のある価値提案（顧客成果という）を示します。また、この2つは組織外部の視点を意味し、財務の視点は短期的な成果、顧客の視点は長期的な成果を想定します。一方、業務プロセスの視点は、組織内部の仕組みや活動（活動という）を、学習と成長の視点は、人的資源だけでなく、情報システムなどを含む情報資本や組織のルールや組織文化を含めた組織資本など内部の運営能力（運営能力という）を示します。これら2つは組織内部の視点を意味します。加えて、4つの視点の関係性は、因果関係のなかで意味づけられます。すなわち、財務成果や顧客成果を達成するために、運営能力の範囲のなかで実際に実施する活動を検討します。重要なことは、全体を俯瞰しながら未来の活動として創意工夫を検討する手段として戦略図を作成することです。決して図を作成することが目的ではありません（Kaplan & Norton, 1996; 2004; 八島, 2017）。

(3) 秋津野マスタープランの戦略マップ

次に、実際に**図1**に示した戦略マップに沿って、形成期から運営期に接続する役割をになったマスタープランのテーマと重点目標を紹介します。

まず、テーマについて、戦略マップの左上の角に「ビジョン」として配置

第5章 地域づくりとマネジメント

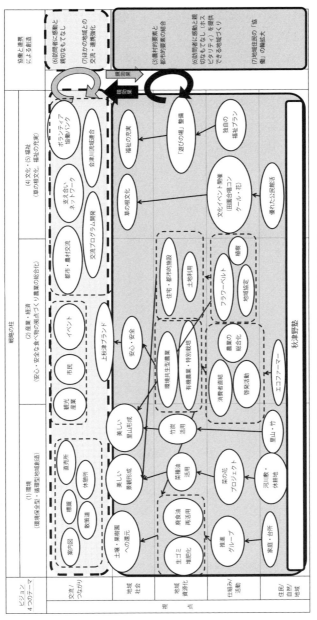

図1 秋津野マスタープランの戦略マップ

出所：秋津野塾 (n.d.b) をもとに筆者作成

97

します。具体的には、達成目標となるもので、「暮らしを豊かにし、住み心地が良い地域を創る」、「訪れるひとびとの琴線を揺すぶる地域を創る」、「『農村と都市の結婚』による新しい魅力的な地域を創る」、「住民主体、『行政・大学参加』が原則の地域づくりを進めること」の4つです。

　次に、重点目標は7つあり、上秋津地区に固有の目標を「戦略の柱」に、上秋津地区と外部との関係性を示す目標を「協働と連携による価値創造」として示しました。具体的には、「戦略の柱」は3つで、(1) 環境（環境保全型・循環型地域の創造）、(2) 産業・経済（安心・安全な食べ物の供給拠点づくりと農業の総合化の推進）、(4) 文化・(5) 福祉（(4) の「草の根文化」の創造、(5) の「遊びの場」の整備と福祉の充実を結合)」です。一方、「協働と連携による価値創造」は、(3) 農村的要素と都市的要素の融合した地域の創造、(6) 訪問者に感動と親切なもてなし（ホスピタリティ）を提供できる地域づくり、(7) 地域住民の「協働」の輪の拡大、ほかの地域との交流・連携の強化です。

　戦略マップでは、「戦略の柱」となる項目を達成するための具体的な要素を視点に分類し、戦略の柱ごとに実現に向けてのストーリーを可視化します。今回は5つの視点を設定しました。一番下から、「住民／自然／地域」、「仕組み／活動」、「地域資源化」、「地域社会」、「交流／つながり」です。ビジョンを達成するための基盤となる運営能力が「住民／自然／地域」の視点、達成するための創意工夫が「仕組み／活動」の視点です。創意工夫による成果を示すのが「地域資源化」の視点です。結果として、ビジョンが目指す方向としての「地域社会」に示す項目が形成されることが一連のストーリーです。加えて、マスタープランの特徴的な点として、「交流／つながり」の視点があげられます。小田切（2015）が鏡効果として指摘した点を具現化しています。訪問者やほかの地域との交流やつながりにより、鏡効果が現れ、新たな価値創造に向けた「運動」が引き起こされます。その集大成として、持続可能な地域づくりが実現されることとなります。

（4）秋津野マスタープランにおけるストーリーの例

　上秋津地区の地域づくりのストーリーの例を戦略マップから紹介します。

　すべてのストーリーに共通する基盤が秋津野塾です。「住民／自然／地域」の視点として、すべての戦略の柱に係る形で配置しました。理由として、秋津野塾の3つの特色をご紹介します（秋津野塾, n.d. d）。1つめは、地域にあるすべての団体が名前を連ね、タテ・ヨコに統合された組織であることです。1994年に設立され、町内会、上秋津女性の会、老人会、公民館、消防団、小中学校の育友会・PTA、商工会、など27の団体が加盟し、11の地区と82班が参画しています。2つめは、「地域づくり塾」という組織の性格です。環境、健康、福祉、教育、防災、農業などさまざまな課題について、住民がみずから考えてひとつひとつ解決し、快適で安全で、健康に安心して暮らせる、生き生きした地域コミュニティを作っていくことが目的とされています。3つめは、「地区全住民の幅広い合意形成」をはかっていく場であることです。秋津野塾が結成される以前から上秋津地区で展開されてきたむらづくり活動の仕組みを継承しています。小田切（2015）の「暮らしの仕組みづくり」における「暮らしの仕組みを維持・発展させるソフト条件として、既存の集落組織に加えて、何らかの積極的な取り組みを行う新しい組織（手づくり自治区）が求められ、そこに地域住民が性別や世代を超えて総参画することが期待される」という部分を具現化しています。

　ストーリーの例をみていきましょう。1つめは、（1）環境に関わるストーリーです。環境保全型および循環型の考え方が中心です。家庭や台所からの生ゴミや廃油を循環型の仕組みと推進グループを作り、上秋津地区の主要な農作物である果樹栽培に利活用する循環型農業というストーリーです。同様に、河川敷・休耕地を菜の花の利活用により、景観形成に活かすこと、里山・竹を利活用し、里山形成に活かすという「運動」につながります。また、マスタープランの特長として、「交流／つながり」に着目しましょう。案内図、散策道、休憩所、標識、直売所という要素が示されています。加えて、「地域と連携による創造」の列に示した「訪問者」や「他の地域」との関係

性を踏まえた鏡効果まで意図されています。小田切（2015）では、「交流活動は意識的に取り組めば、地元の人々が地域の価値を、都市住民の目を通じて見つめ直す効果を持っている」と指摘しています。冒頭で紹介したツーリズムシステムにあてはめると、地域資源を観光資源として活用し、交流による経済の運動を起こしているといえます。特に、休憩所や直売所といった訪問者と地域の方との交流の場は、訪問者が交流経験をえる場所として重要になります。

　２つめは、(2)産業・経済におけるストーリーです。「仕組み／活動」および「地域資源化」の視点に多くの項目があり、かつ、関連があること（点線の四角でグループ化して表記）や関連づけ（矢印で他の項目と結びつけて表記）できることが特徴です。つまり、運動として経済を起こすための創意工夫は１つではなく、その連携が重要であることがわかります。

　３つめは、(4)文化・(5)福祉におけるストーリーです。地域の生活に密接する文化や福祉が戦略の柱とすることは、広井（2019）が指摘する「ヒト・モノ・カネができる限り地域で循環するような分散型の社会システムが、人口や地域の持続可能性、健康、格差、幸福等の観点から望ましい」こと、「人口や経済の量的な拡大・成長の〝後〟の時代に、真に豊かな文化的な革新が生じる」ことの可能性を意識することに貢献します。公民館活動のなかで文化イベント等を開催し、草の根文化として充実させることなど、精神的・文化的な価値をもつ活動もまた地域で循環させることがストーリーとして示されています。

２．地域づくりの発展過程と運営戦略

(1) はじめ

　２では、形成期から運営期の接続として、マスタープランの内容を確認しました。３では、実現プロセスを示します。具体的には、当初の２つの法人に加えて新たな法人が設立され４法人となる経過を法人運営の質的な成長と考えます。なお、説明の一部には、筆者が指導教員を務めた修士論文の内ヶ

島（2021）で共同収集した情報や記述を要約して引用します。また、具体的な運営戦略として示す図３は、筆者が（株）秋津野を中心にアクションリサーチの方法で収集して情報で、実際の秋津野の運営を説明する際にも利用されています。

(2) 法人運営の発展過程の考え方

　まず、法人運営の発展過程の考え方は、収入構造（Revenue Structure: RSという）、利害関係者との関わり（Stakeholder Relations: SRという）、情報公開・情報共有（Information & Communication: I&Cという）を１つの循環とすることが特徴です。また、この循環を継続して実施することが法人運営の発展とします。また、RS、SR、I&Cの内容が量的、質的に変化することが法人運営の発展過程です。

　１つめの収入構造（RS）は、法人運営の財源となる自己資金（株主出資金）、行政からの補助金や負担金、金融機関からの借入れなどがどのような構成となっているかをさします。全体の収入規模、収益事業からの収入額、行政からの補助金や負担金等の収入全体に占める割合を知ることを法人運営の基礎とします。例えば、収益事業からの収入を次の事業に利用することは自由ですが、行政が特定目的に対して与える補助金は目的外の利用が難しい。かつ、単年度予算の補助金であれば、継続的な事業には適さない財源です。収入構造の把握が安定的な法人運営に影響します。２つめの利害関係者との関わり（SR）は、法人運営における利害関係者のすべてを指すこととします。出資者や運営者、従業員などの内部関係者だけでなく、顧客、取引先、行政、地域住民など法人外部の関係者も含みます。収入構造が多様であれば、利害関係者も多様になります。そのため法人運営を量的に拡大すれば、相応の運営能力が必要です。戦略マップでいえば、量的な拡大による運営の質的低下を避けるために経営能力の安定的な確保に目を配ることになります。法人運営の発展には、RSとSRとの関係性を議論することが重要です。３つめの情報公開・情報共有（I&C）は、法令で要求される事業情報や財産状況の公開、

および、事業に対する社会からの信頼を幅広くえるためにインターネット上に公開することの両方を含んでいます。前者は法人そのものの存続に関わります。一方、後者は手間をかけて実施する必要があるかどうかの判断によります。とはいえ、収益事業を拡大する一方で社会からの信用をより高めることが、財源を安定的に確保することに貢献し、人材確保などの経営能力を高めることにも影響します。

(3) 法人運営の発展過程と運営戦略

　図2は、上秋津地区の本格的な運営期を法人運営の発展過程の考え方に沿って整理したものです。流れについて説明します。「RS1」は、1期の収入構造（RS）を意味します。同様に、「SR1」は1期の利害関係者との関わ

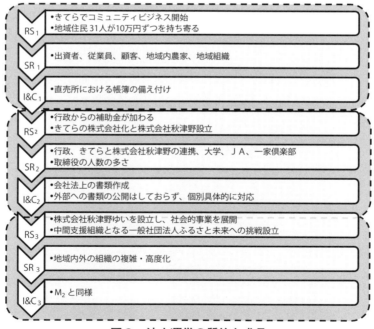

図2　法人運営の質的な成長

出所：内ヶ島（2021）を参考に筆者が加筆・修正

第5章 地域づくりとマネジメント

り（SR）を、「I&C1」は1期の情報公開・情報共有（I&C）です。その後、RS、SR、I&Cが循環し、2期、3期と展開します。

まず、第1期について、第一に、RS1では、「きてら」が開設され、コミュニティビジネスが開始しました。当初は地域住民31人が一人10万円持ち寄った出資金が元手でした。「きてら」は、地域住民が農産物を直売するために、1999年に立ち上げられた組織です。行政や農協からの支援を得ることができなかったため、地域内の有志31人が1人10万円を預り金として持ち寄り、10坪のプレハブ倉庫で開始されました。当時は法人格を有しておらず、地域の農家が目の前の農業を維持するという目的ために住民で集まったという権利能力のない社団（法人格のない社団）と位置付けることができます。法人格のない社団であっても、収益事業を行う場合は法人税を納める義務があり（法人税法第4条第1項）、「きてら」も税法上は法人格があるものとして扱うみなし法人として税金の処理をしていました。地域の住民であれば誰でも売り上げの15パーセントの販売手数料を支払えば出荷でき、そこからの収入もありました。当初は補助金を受けることもできず、全て住民の出資により

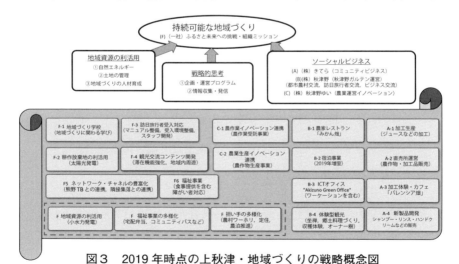

図3　2019年時点の上秋津・地域づくりの戦略概念図
出所：アクションリサーチの情報から筆者作成

103

事業が行われていました。第二に、SR1では、組織内部の主な利害関係者は、出資者および直売所において販売を行う従業員です。一方、組織外部の主な利害関係者は、直売所を利用する地域内外の顧客、直売所に手数料を支払い、農作物を販売する地域の農家、秋津野塾等の地域組織です。いわゆる、コミュニティビジネスの創成期であり、利害関係者は比較的シンプルです。第三に、I&C1では、情報公開は、「きてら」のみで行われていました。収益事業を行う法人格のない社団でも、帳簿の備え付け、取引の記録、決算書類の作成・保存義務があり（法人税法第150条の2）、任意団体ですが財務情報等を保存は行われていました。

　次に、第2期について、第一に、RS2では、「きてら」が店舗を新築移転し、農産物加工施設を併設した上で、6次産業化が始まりました。第1期では、売上を1999年当初に1150万円、2000年に2700万円、2001年に3200万円、2002年に4300万円と増加させていきました（秋津野, 2020）。新築移転に伴い、売り場面積が拡大し、商品数が増えました。その際、自己資金に加えて行政からの補助金が財源となりました。店舗建築事業は「木の香る家事業」（紀州木材を建物に用いることが要件）、加工施設建築事業は「アグリビジネス事業」と「山村定住促進事業」による補助金が利用されました。一方、「秋津野」では、秋津野ガルテンの建設資金として「農産漁村活性化プロジェクト支援交付金」が利用されました（秋津野, 2020）。行政からの補助金を財源とする事業により、事業運営における創意工夫を検討する素地が整った時期といえます。加えて、「きてら」や「秋津野」が業績を向上させ、実績を残すことで、組織外部からの信用性が高まり、新たな財源の獲得機会を増やすことにつながっていきました。地方自治法では、公益性が認められることを要件に補助金を交付できる（地方自治法第232条の2）とされており、「きてら」や「秋津野」の事業に公益性が認められたと解釈できます。また、グリーンツーリズム事業を行う「秋津野」が、農産物の直売を事業とする「きてら」と別の法人として設立されていることも、財政の面では大きな特徴となっています。もし、「きてら」が新たにグリーンツーリズム事業を行う形

で多角化経営となった場合、新規事業リスクを背負う形となってしまい、順調に成長してきた農作物の直売事業に支障が出る可能性もありました。「秋津野」を別法人として設立したことが事業リスクの分散に寄与したといえます。同様に、「きてら」が6次産業化の1つとしてミカンジュース加工事業を開始した際にも事業リスク分散が見られました。当初は、「俺ん家ジュース倶楽部」という別組織として事業化され、経営が安定した後に統合しています。その背景には、出資の公平性への配慮という興味深い手続きが行われています。すなわち、株式会社化した「きてら」が、日本政策金融公庫から融資を受け、それを元手に俺ん家ジュース倶楽部が出資をした地域住民に対し借入金（出資）を返済し、再度、地域住民が「きてら」に出資をするという手法が用いられました（秋津野, 2020）。第二に、SR2では、1つ目に、補助金を受けたことから利害関係者に行政が加わりました。「きてら」および「秋津野」の事業が行政の立場から公共性を有すると認められたことが分かります。また、「きてら」と「秋津野」が事業連携しながら運営することによる相乗効果を考えれば、お互いに重要な利害関係者であると考えることができます。「きてら」が秋津野ガルテン内において「バレンシア畑」（スイーツ体験工房とカフェ）を開設しており、秋津野ガルテンの訪問者が気軽にお菓子作りやジャムなどの加工を体験することができます。直売所ではなく、秋津野ガルテンで実施することにより、交流人口の増加に寄与し、同時に、ミカンなどの柑橘を使った新商品開発の場ともなっています。2つ目に、秋津野ガルテンの計画を担った現校舎利用活動検討委員会には、秋津野塾、行政、JA、和歌山大学および先行して旧校舎を活用していた地域組織がメンバーとなっており、利害関係者を構成します。3つ目に、秋津野ガルテンの農業体験学習などの事業では、受け入れ先となる地域の農家が連携しており、利害関係者となります。第2期には、「一家倶楽部」（いっけクラブと呼び、「一家」とは、「親類づきあい」、「仲間内」という親しい間柄を指す言葉である）という、「きてら」を中心とした上秋津応援団が組織され、上秋津地域外の利害関係者も存在しています。この時期の利害関係者の大きな特徴とし

第Ⅱ部　地域づくりとマネジメント

て、取締役が上秋津地域の11の地区から2名ずつで合計22人が選出されたことも注目です。一般的には、取締役は経営を円滑に遂行することや設置するコストがかかることなどから数名であることが多いのですが、運営方法として権力が集中しにくいという点では効果的で、合意形成が重視される地域づくりでは望ましいといえます。また、各地区を代表する形で、地域内の顔を知った者同士がいろいろと細かな意見を議論できること、会社・地域の取組や課題点などを各地域に迅速に伝達するなどの効果もあります。第三に、I&C2では、「きてら」および「秋津野」が株式会社として設立されたため、会社法上の規制を受けます。ただし、会社法の最低限の要請を満たさない場合は違法となるという意味であり、財源の構成や利害関係者などにより影響を受ける性質のものではありません。一般に、会社が独自に事業計画書や事業報告書及び会社の計算書類などの情報を公式ホームページなどで公開するという例も多く存在します。株主となる可能性のある多くの人に会社の情報へのアクセスを容易にし、当該会社の株式売買の判断に資するというメリットがあります。また、事業の内容や財産状況について広く公開するということで経営者のモチベーションや緊張感につながり、健全な事業運営に資するという意味もあります。最近では、クラウドファンディングのように、より自由に資金を募る方法も出てきています。会社の事業に興味をもち投資を検討していれば、事業内容や経営の健全性は重要な情報となります。会社のホームページなどで財務情報等に容易にアクセスできれば、公開されていない会社に比べて、投資判断がしやすくなります。しかし、「きてら」や「秋津野」は、財務情報の公開はしていません。理由の一つとして、譲渡が制限されている株式を発行しており、新たな株主が現れることは想定されていません。実際には、株主の多くは地域の農家であり、個別の状況に応じて公開するなど柔軟な対応となっています。

　最後に、第3期について、新たな期に展開する契機に2014年に設立された一般社団法人ふるさと未来への挑戦（以下、「ふるさと未来」）に着目しました。「きてら」、「秋津野」という地域づくりの組織が担う事業が複雑化して

第5章　地域づくりとマネジメント

きたなかで、事業目的を明確化する役割を担うこととなりました。**図3**は、アクションリサーチの一環として、2014年時に玉井氏と作成した上秋津地区の地域づくりの戦略概念図（八島・岸上, 2018：戦略概念図という）を、2019年時に、専務取締役の柏木満氏（以下、柏木氏）を加えて更新した図になります。2014年時点に、玉井氏は、既存の「きてら」や秋津野ガルテンを継続させる課題として3つあげていました。1つ目が「人材育成や財源確保とともに、諸問題の解決策を企画、プロデュースするための組織が必要である」こと、2つ目が「運営にあたっては、地元農家などを中心に募った会員からの会費や太陽光発電から得られた収益を人材投資に使うなど地域内でお金が回る仕組みをつくる」こと、3つ目が「行政頼みや住民だけではコミュニティは守っていけない。互いに連携するなどの運動体を小さなところからでも良いので、積み上げることで形になる」ことです。これらの諸課題を解決する考え方が**図3**の上部分に示しています。「持続可能な地域づくり」という「ふるさと未来」のミッションを、地域資源の利活用、戦略的思考、ソーシャルビジネスにより実現していくことです。

　図2に戻ります。第一に、RS3では、**図3**のソーシャルビジネス部分で、「きてら」をA、「秋津野」をB、新たに2019年に設立された農業法人株式会社秋津野ゆい（「ゆい」という）をCとします。「きてら」の事業を、A-1の加工生産、A-2の直売所運営、A-3の加工体験・カフェ、A-4の新製品開発、「秋津野」の事業を、B-1の農家レストラン、B-2の宿泊事業、B-3のICTオフィス事業、B-4の体験型観光、「ゆい」の事業を、C-1の農作業イノベーション連携、C-2の農業生産イノベーション連携と示しています。加えて、「ふるさと未来」では、すべての事業をすぐに実施するというのではなく、財源獲得機会などを通じて順次実施する形で運営されます。F-2の耕作放棄地の利活用として実施されている太陽光発電が「ふるさと未来」の財源の主となっています。「ふるさと未来」が中間支援組織的な役割を担うことにより、「きてら」や「秋津野」、「ゆい」が明確な目的を持って事業実施や新たな事業開発に取り組むことができます。玉井氏の「運動体を小さなところから積み上

げる」ことの具現化となっています。第二に、SR3では、「ふるさと未来」や「ゆい」が新たに設立され、地域内外の組織間の関係性は複雑・高度化しました。そのため、地域づくりの運営を俯瞰して調整する中間支援の役割を備えた「ふるさと未来」の存在が際立ってきます。実際には、**図３の下段**に示す形で玉井氏や柏木氏が、全体を俯瞰し、連携しながら運営することにより、運営効率、適材適所な財源調達、人材の配置など、円滑な運営となっています。第三に、I&C3では、第２期と同様ですが、「ふるさと未来」が会社法ではなく一般社団法人及び一般財団法人に関する法律の規制に基づくという違いはあるものの、基本的には、法律や規則で求められる義務以上のことを行っているわけではありません。

まとめ

　地域づくりとマネジメントを上秋津地区の運営段階に着目した議論を展開してきました。

　まず、形成段階から運営段階の接続として注目したのが「秋津野マスタープラン」でした。戦略マップを使って、地域づくりの方向性や論点を可視化しながら説明しました。具体的には、第一に、地域づくりの主体となる秋津野塾を地域づくりの土台に位置付けました。実際には、秋津野塾が地域にあるすべての団体が名前を連ね、タテ・ヨコに統合された組織であること、「地域づくり塾」という住民がみずから考えてひとつひとつ解決するための性格を有すること、地区全住民の幅広い合意形成をはかっていく場であることの３つが重要なポイントです。第二に、環境、産業・経済、文化・福祉の３つを地域づくりの戦略の柱に据え、具体的なストーリーを紹介しました。小田切（2015）で「地域づくりのフレームワーク」として整理されたことが、上秋津地区では、住民の地域づくりに関わる価値観を醸成する機会や場があり、そこで議論される内容が暮らしに関わるハード的な面のみならず、文化や福祉などソフト的な側面を網羅しています。また、産業や経済を支え、環境に合わせて変化する方向性を議論できる地域づくり学校の事業を含む地域

づくりや都市農村交流の拠点として秋津野ガルテンの存在価値が浮かび上がってきました。

　次に、運営段階における地域づくりの発展過程に着目しました。実際には、収入構造、利害関係者との関わり、情報公開・情報共有の３つの論点を循環として捉え、その内容が変化していく過程を質的な成長と理解し、上秋津地区の地域づくりを時間軸で整理しました。具体的に、第１期では、「きてら」という直売所設立が小さな運動であり、この１つ目のきっかけが、第２期では、旧秋津野小学校の廃校利活用を経て、「秋津野」設立に至ります。また、「きてら」と「秋津野」を両輪に地域づくりが運営期として安定し、利害関係者も増えてきたことが、２つ目の運動のきっかけとなり、第３期の「ふるさと未来」や「ゆい」の設立に至ります。

　小さな運動を常に考えておけば、次の小さな運動のきっかけとなり、結果として、持続可能な形になるといえます。こうした小さな運動を可視化したのが、玉井氏、柏木氏と作りあげた戦略概念図になります。筆者は現在でも上秋津地区のアクションリーチを継続しており、柏木氏には和歌山大学観光学部のゲスト講義で環境に合わせて更新されている地域づくりの内容をフォローしていただいています。今後も、授業や論文などの形で、上秋津地区の地域づくりの考え方が他の地区の地域づくりに、何を、どのように適用できるのか、一般化の議論を進めていきます。日本では、訪日旅行者、いわゆるインバウンドを経済発展の１つの柱にすべく、いろいろな地域が試行錯誤している状況です。上秋津地区も例外ではなく、コロナ禍を経て、インバウンド旅行者に対応する観光コンテンツも開発しています。地域づくりは終わりがなく、常に小さな運動を起こしながら環境変化に対応していくことが肝要ということを本講義の結論とさせていただきます。最後に、アクションリサーチからえられた情報を元に構成してため、実際の地域づくりでは合意形成の場面などでさまざまなご苦労や議論がされている点を十分に反映しているとはいえない点が本論の限界です。上秋津地区の地域づくりにご興味のある方はぜひ視察や秋津野ガルテンでの講義を受講することをお勧めします。

第Ⅱ部　地域づくりとマネジメント

参考文献
〈日本語文献〉
秋津野（2020）「地域づくりとソーシャルビジネス」『地域づくりの理論と実践A』講義資料（非公開）南紀熊野サテライト和歌山大学．
授業案内URL https://www.wakayama-u.ac.jp/kii-plus/news/2021092800093/
秋津野塾（n.d. a）「秋津野塾」https://akizuno.net2024年7月11日確認．
秋津野塾（n.d. b）「秋津野マスタープラン」https://akizuno.net/masterplan/index.html.2024年7月11日確認．
秋津野塾（n.d. c）「秋津野地域づくり年表」https://akizuno.net/chiiki3/nen.html. 2024年7月11日確認．
秋津野塾（n.d. d）「秋津野塾の組織概要」https://akizuno.net/soshiki/index.html.2024年7月15日確認．
広井良典（2019）『人口減少社会のデザイン』東洋経済新報社．
JNTO（n.d. a）「年別訪日外客数、出国日本人数の推移（1964年－2022年）（PDF）」https://www.jnto.go.jp/statistics/data/marketingdata_outbound_2022.pdf．2024年7月9日確認．
小田切徳美（2015）『農山村は消滅しない』岩波新書．
総務省（n.d. a）「地域運営組織」https://www.soumu.go.jp/main_sosiki/jichi_gyousei/c-gyousei/chiiki_unneisosiki.html　2024年7月11日確認
総務省（n.d. b）「平成28年度地域運営組織の形成及び持続的な運営に関する調査研究事業研修用テキスト」https://www.soumu.go.jp/main_sosiki/jichi_gyousei/c-gyousei/chiiki_unneisosiki.html2024年7月7日確認．
内ヶ島友章（2021）『観光・地域づくり法人の持続性に資する要因の変容─ガバナンスに着目して─』観光学研究科・修士論文（未公開）和歌山大学．
八島雄士（2017）『セルフイノベーションの管理会計─社会変革に対応した業績評価のあり方─』中央経済社．
八島雄士・岸上光克（2018）「社会的企業における戦略マップの適用可能性─地域経営組織におけるアクションリサーチ─」『メルコ管理会計研究』10Ⅱ．43-54．
〈英語文献〉
Kaplan, R. S. & Norton, D. P.（1996）*Balanced Scorecard: Translating Strategy into Action*. Harvard Business School Press.
Kaplan, R. S. & Norton, D. P.（2004）*Strategy Maps: Converting Intangible Assets into Tangible Outcomes*. Harvard Business School Press.
Page, S. J.（2019）*Tourism Management*（*6th edition*）．Routledge.

用語解説
○管理会計
　企業会計の領域は、会計の報告書を受け取る利害関係者が、企業の内部者であるか外部者であるかにより、管理会計と財務会計に分けられます。管理会計は、経営者を頂点とする企業内部の各階層の管理者のために、企業の経済活動を測定し、その結果を伝達する会計です。管理会計は内部報告会計ともよばれます。
○バランスト・スコアカード
　バランスト・スコアカード（Balanced Scorecard: BSC）は、1992年にハーバードビジネススクールのR. S. キャプランとコンサルタントのD. E. ノートンによって提唱された経営ツールです。導入企業は全世界的にあり、企業では定着した経営ツールです。
○戦略マップ
　戦略マップは、バランスト・スコアカードの4つの視点における個別の戦略間の関係性を表現したもので、ミッションやビジョンを達成するというゴールへ向けての成功のストーリーを示すことができます。
○法人運営の質的な成長
　法人運営の発展過程は、収入構造、利害関係者との関わり、情報公開・情報共有を1つの循環とし、時間の経過とともに変化することです。法人運営の質的成長は、この循環が時間の経過とともに量的に拡大するだけでなく、経営能力や活動内容といった運営方法が高度化することを指しています。

第6章

地域運営組織のこれまでとこれから
~島根県を事例に~

有田 昭一郎（島根県中山間地域研究センター）

はじめに

　地域運営組織について、総務省は「地域の生活や暮らしを守るため、地域で暮らす人々が中心となって形成され、地域内の様々な関係主体が参加する協議組織が定めた地域経営の指針に基づき、地域課題の解決に向けた取組を持続的に実践する組織」と定義しています。

　同省の調査では地域運営組織は2016年の3071組織（609市町村）から2023年の7710組織（874市町村）にまで増加しており、活動内容も高齢者の見守り、外出や買い物の支援、子育て世代支援、農地や拠点施設の管理、防災活動をはじめ幅広いものとなってます[1]。

　このように地域運営組織は、これからの地域の課題解決の方策としての期待が高まっていますが、他方、「設立できないほど高齢化した地域はどうしたらいいか」「新規のメンバー（若い世代）に参加してもらいたいのだが」「活動財源をどう確保したらいいか」など設立や運営についての様々な声も聞かれるにようなりました。

　本稿では、人口減・高齢化の進行が早く、全国の動向に先行して展開された島根県の地域運営組織の取組が、現在直面する課題や対応について事例を含め紹介し、これからの地域運営組織の設立や運営を進めるにあたり必要と考えられる視点や果たすべき役割を述べていきます。

１．島根県における地域運営組織設立の背景と展開状況

　島根は「過疎」という言葉が生まれた県です。特に中山間地域では共助の

要であった集落[2)]の小規模高齢化が急速に進むなか、全国の動向に先行して2008年頃から地域運営組織設立の動きが拡大しました。島根県の地域運営組織はおおよそ公民館エリアの範囲（小学校区または旧小学校区に該当）で活動していますが、2024年4月末現在、251公民館エリアの62％（156エリア）で地域運営組織が設立されています。

ここで、地域運営組織設立の大きな背景の1つである集落の小規模高齢化の状況を表すと**表1**の通りです（島根県では高齢化率が50％以上19戸以下の集落を『小規模高齢化集落』としています）。

表1　島根県の集落の小規模高齢化の状況

	2014年	2018年	2023年
高齢化率50％かつ世帯数19戸以下	536集落	739集落	918集落
（小規模高齢化集落）	(16.0%)	(21.4%)	(24.5%)
高齢化率70％かつ世帯数9戸以下	77集落	118集落	179集落
（超小規模高齢化集落）	(2.3%)	(3.4%)	(4.8%)

資料：島根県地域実態調査結果より作成

小規模高齢化が進むと、5つの基本活動（定期的な会合、道路・水路の草刈り、集会所等の維持管理、祭り等の伝統行事、運動会等のイベント）ができなくなる集落が増える傾向にあります。基本活動ができなくなってくると地域を維持する機能も低下していきますが、より根本的な問題は活動が減ると住民間で顔を合わせて話をする機会が少なくなるということです。日常的なコミュニケーションが損なわれれば、徐々に住民間のつながりは弱くなり、お互いを“きがける（見守る）”ということが生じにくくなります。そうすると、災害時に「あそこのおばあさん大丈夫かな」と思ったり、普段の暮らしの中でも、お1人暮らしの高齢者の方や通学中の子どもに声を掛けたり、逆に困り事をご近所にちょっと相談するということができにくくなります（**図1**）。そして、こういった小さな単位での助け合いが地域で安心して暮らすことを支えています。

島根県内でも先行して地域運営組織の設立が取り組まれた地域では、地域

第Ⅱ部　地域づくりとマネジメント

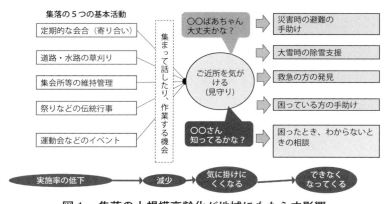

図1　集落の小規模高齢化が地域にもたらす影響
注：2018年島根県地域実態調査データの分析結果より作成

のリーダー、住民、市町村の職員の皆さんが身近な地域でこのような状況が増えはじめたことに危機感を持ち、住民が元気で、安心して暮らしていける地域の仕組みづくりに着手していきました。

2．地域運営組織設立の面的広がりのプロセス

　地域運営組織設立の面的な広がりは、2004年に始まる平成の大合併を契機にしています。当時、合併後、集落の小規模高齢化をはじめ人口減少・高齢化により地域に生じる様々な問題に、広域化した市町村がどう対処していくかが模索されていました。まず先行して合併した市町村が、集落より広い範域（公民館エリア）での地域運営の仕組みづくりを検討し、連携できそうな地域リーダーに働き掛け、今日の地域運営組織の雛形になる住民組織が設立され、活動を開始します。次に、これら市町村は先行地域をモデルとして公民館エリア単位での地域運営の仕組みづくりを全域で進めていきます。雲南市の地域自治組織はまさにその先駆けとなるものです。その後、他の市町村でもこれら先行市町村を参考に地域運営組織設立の検討が進みます。

　島根県はその動きに連動して、2008年度、地域運営組織の設立を進める市町村への補助（設立準備・設立後の運営をサポートするスタッフ（地域マ

第6章　地域運営組織のこれまでとこれから

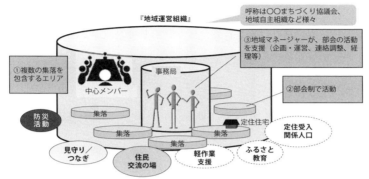

図２　地域運営組織の主な役割、運営体制のイメージ（設立支援開始当初）

ネージャー[3]の配置に係る人件費、活動開始に係る費用）を開始しました。筆者が所属する島根県中山間地域研究センター（以下、中山間地域研究センターと述べます）は上記の先行市町村で地域運営組織のモデルづくりを支援していましたが、全県に支援を拡大させていきます。当時の関係者で共有していた地域運営組織の主な役割、運営体制のイメージは概ね次の通りです（図２）。

○地域運営組織の主な役割
・低下する集落の共助（見守りやちょっとした手助け）、住民間交流、地域で生じる問題への対応・役場へ伝達、地域拠点等の維持機能の補完＋集落単位では難しい課題への取組

○地域運営組織の運営のイメージ
・活動内容は住民、関係団体の協議を経て決定し、地域の承認を経て実施する。
・活動は住民、関係団体が協働して実施する。また、活動の内容ごとに地域運営組織の下に部会を設立し、実働は各部会に参加する住民、関係団体が担う。
・地域運営組織は事務局を持ち、地域マネージャーを配置する。地域マネー

115

第Ⅱ部　地域づくりとマネジメント

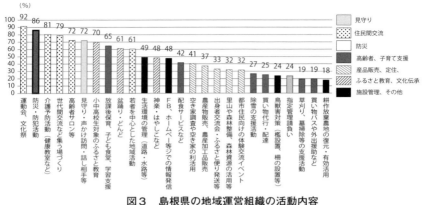

図3　島根県の地域運営組織の活動内容

注：2018年度島根県地域実態調査データの分析結果より作成

ジャーは地域運営組織全体および各部会の活動のサポート（企画・運営、連絡調整、経理等）を担う。
・市町村は地域運営組織の設立に対し、活動拠点の提供、活動開始期の費用の支援を行う。また、当面、地域運営組織の運営をサポートする地域マネージャーの人件費を負担するとともに、将来的な活動財源として、アウトソーシングが可能な自治体業務（例えば、社会教育、地域福祉、拠点施設管理等）の地域運営組織への委託を進める。

　2018年に島根県が行った地域実態調査によれば、県内の地域運営組織の活動は見守りや住民間交流を中心に展開されています。また、約3～4割の組織は、さらに踏み込んで配食サービス、生活支援、買い物代行など地域福祉の領域の活動や、空き家活用、産品販売など地域活性化の取組も行っています（図3）。

3．地域運営組織の設立、運営についての3つの問い

　近年、地域運営組織の設立と活動が地域づくりの手法として定着するにつれ、次の3つの問いを受けることが多くなりました。
■問1「打合せや会議、活動量が増えて設立当初よりかなり忙しい。取り組

第6章　地域運営組織のこれまでとこれから

むべき課題は沢山あるし、これからどう対応していったらよいか」
■問2「担い手が高齢化、減少しすぎて地域運営組織が設立できない地域がある。このような地域についてはどのように対処していったらいいか」
■問3「現在は自治体が地域運営組織の活動財源を補助しているが、将来的には自ら必要な財源を得てほしい。財源を得るため物販など収益事業が重要になると思うのだが」

　問1に対しては、5．～6．で問題の背景や具体的な対応例を述べていきます。また問2、問3については解は1つではないと思いますが、長年、地域運営組織の設立や運営の支援に携わってきた経験を踏まえ、次のように答えています。

■問2に対して「地域運営組織の設立や運営には相応のマンパワーが必要で、担い手が極端に減少・高齢化していれば、設立が困難な場合があります。ただその場合でも、住民の皆さんが安心して暮らすことを支えるため、自治体は代替策を講じる必要があると考えます。そもそも地域運営組織の基本的役割は、集落に普通にあった見守りやちょっとした手助け、住民間の交流、地域の問題への対応や役場へのつなぎの機能を補完することです。ですので、地域運営組織が立ち上げられない場合も、例えば集落支援員制度を利用して、あるいは生活支援コーディネーター（地域包括ケア）[4]と連携して、一人暮らしの高齢者を定期的に訪ねて様子を聞き、必要があれば役場につなぐ体制をつくることなどが重要と考えられます。」

■問3に対して「まず収益活動を行う事業体と、共助や住民間交流を支える地域運営組織では全く役割が異なるという認識が必要です。補助する自治体の立場から、財源的自立を望む気持ちはわかりますし、だから収益事業という考えもでてくると思いますが、事業がうまくいかなくなった場合、会社は事業を終了する選択肢がありますが、共助や住民間交流が事業の成否や景気に左右される状態になることは回避すべきです。ただし、今後さらに担い手が減るなか、少人数のボランティアで活動を支えるのは難しく、仕事として効率的かつ継続的に活動を支えるスタッフが必要です。その人件費を賄うた

めには、まず自治体としてはアウトソーシングが可能な自治体業務（例えば社会教育、地域福祉、拠点施設管理等）の地域運営組織への委託や、例えば中山間地域直接支払制度の利用など、より安定性の高い収入源づくりを進めることが重要だと考えます。もちろん、地域運営組織の中には、物販や空き家を利用した定住住宅運営など収益事業に取り組んでいるケースもあり、それらの取組は地域に活気をもたらしますし、それを行政が応援することは大切です。だし、収益事業の収入は当然、その仕事に携わった者に優先して分配されますし、地域運営組織全体の活動財源として利用することは困難な場合が多いことを認識しておく必要があります。」

4．地域運営組織の活動の停滞と活性化

　設立から年数を経た地域運営組織が増加するなか、活動が停滞気味の組織もあれば、活気を増す組織もでてきています。理由は一つではないと思いますが、特に影響が大きいのが若い世代（20〜40歳代）の活動への関わりです。

　なぜ若い世代が関わると活気がでやすいかは6．の事例で紹介することとして、まず若い世代が関わりを回避するパターンを『停滞パターン』、若い世代が関わるパターンを『活性化パターン』として**図4**に図示します。なお、両パターンとも、地域運営組織を設立するまでは同じプロセスであると仮定します。

　停滞パターンでは、活動を無償で行いますが、地域では人口減・高齢化に伴い対応すべき課題が拡大していきます。そうすると活動量が増大し、活動メンバーの経験値が上がりますが、負担も確実に大きくなります。このような状態が続くと、未経験の人にとっては新たに活動に加わることの敷居が高くなり、また、元々のメンバーも加齢などにより少しずつ人数が減るなか関係性が固定化され、外から口出ししにくい体質になっていきます（活動の硬直化）。そこに財源を補助する自治体から様々な依頼が加われば、さらに活動の義務感は大きくなり、逆に新たなことへの挑戦する余地は小さくなりま

第6章　地域運営組織のこれまでとこれから

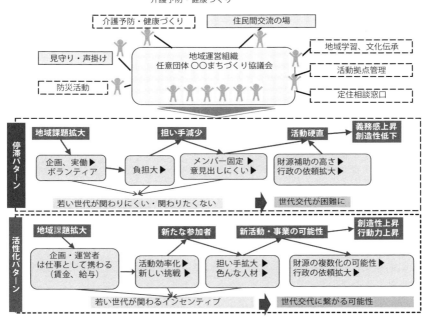

図4　地域運営組織の活動の停滞パターンと活性化パターン

す。そしてその状況をみている若い世代は活動への関わりを回避します。

　活性化パターンでは、少なくとも活動の企画・切り盛りをする者には賃金・給与が払われます。ここで、まず無償での活動に継続的に関わることが難しい場合も仕事として関わる余地ができます。また会議や活動の方法を改良し、段取りよく進めようとする姿勢や新しいことにも挑戦しようというインセンティブが生じやすくなります。話し合いや活動が段取りよく行われ、新たな試みが行われる状態は、新たな参加者・人材を呼び込みやすくし、それがさらに、資金を調達して新たな事業をやってみようという素地をつくります。組織の行動に段取りのよさや新たな挑戦がみられれば、興味をもつ若い世代がでてくる可能性が高まりますし、活動メンバーも声を掛けやすくなります。

第Ⅱ部　地域づくりとマネジメント

　このような組織活性化の流れを作り出していくには、従来の地域活動のあり方からの脱皮が必要だと考えます。一つ目は活動の無償性からの脱皮です。特に活動の企画・切り盛りを行う人は有償で携わり、活動の改良や新たな挑戦が生まれやすい状況をつくることが重要です。二つ目は、「若い世代にいまの活動に参加してもらうためにはどうしたらいいか」からの脱皮です。そのことがどんなに重要であっても、「いまのやり方に従って活動に参加してほしい」と言われて、能動的に携われる後輩は中々いませんし、活動がボランティア性を伴うのであればなおさらです。課題を自分事に引きつけて「自分としてはこれに取り組んでみたい」となることを後押しすることが大切であり、そのためには「いまの自分達の活動に関わらせたい」ではなく、「若い世代が自ら挑戦するにはどのような環境をつくればいいか」という視点に立つことが必要です。三つ目は、形式的な地域運営組織の設立手順のイメージや運営イメージからの脱皮です（特に行政主導度が高い場合）。例えば設立の際、関係する住民や団体の"合意形成"が配慮されますが、地域運営組織の設立でまず重要なのは、活動の目的や大切にしたいことを共有でき、一緒に活動できる住民達でコアチームをつくることで、それなくしては推進力のない形だけの連携組織になってしまいます。また、組織体制づくりではまず部会が検討されますが、限られた担い手で効率よく活動できる体制を追求して部会を持たない地域運営組織もでてきています。地域運営組織の設立を進める際、前例や既存のテキストを参考にするとしても、いざ準備が始まれば、一度それはさて置いて、担い手など地域の実情を踏まえ、どういう運営体制なら動きやすいか・無理がないか、どんな活動ならどの層が関わってくれそうかを、まずコアチームと支援する市町村担当者がしっかり練っていくことが重要です。

5．川本町『未来塾』、邑南町『口羽をてごぉする会』

　ここで若い世代が活動に関わる2つの地域運営組織を紹介します。

第6章　地域運営組織のこれまでとこれから

(1) 島根県川本町三原地区 『未来塾』

　発端は「町内にモデルとなる地域運営組織ができたら」という役場担当課の声であり、実際の設立に向けた動きは、2012年に三原地区の4自治会および連合自治会役員、役場担当者、中山間地域研究センター担当者がこれからの住民の暮らしや自治会活動等について意見交換の場をもつことから始まりました。その後、ゆっくり協議を重ねる中で、このまま人口減少が進めば、近い将来、自治会単位の支え合いではカバーできないことがでてくるし、三原地区のまとまりでの対応も考える必要があるという結論に至り、2014年、三原連合自治会・川本町主催で、自治会推薦者、参加したい住民に加え、参加してもらいたい住民にも声をかけて、1回目の話し合いが持たれました。内容は「これから何が心配か」「どんな対策が必要か」「何をやりたいか・何ができそうか」を出し合うオーソドックスなものでしたが、以降6回の話し合いを持ち、テーマとグループがまとまり、役場から2年間の活動費もでるので、期間限定で活動を試行してみようということになりました。決定事項は次の通りです。

・活動を試行する団体を『三原の郷プロジェクト』とする。プロジェクトの活動期間は2年間で、期間終了後に総括を行い、それ以降活動を継続するかはその時点で決定する。
・プロジェクトは、三原連合自治会に承認された地域の活動として位置づける。
・"高齢世帯の生活支援"、"竹を活用した有機農業"、"歴史・文化の継承"をテーマに3つのグループが活動することとし、定期的にそれぞれの状況を共有する会議を持つ。
・活動拠点を川本北公民館とし、サポート役として集落支援員を1名配置する。

　なお、川本町担当職員、集落支援員、中山間地域研究センター、民間の中間支援組織は月に1度、目線合わせのミーティングを持ちながら支援する体制となっていきました。

第Ⅱ部　地域づくりとマネジメント

　活動は2015年に開始され、補助金は各グループの活動を試行するために使われました。例えば、"高齢者の生活支援"では、まず活動メンバーで1人暮らしの高齢者の訪問調査を行った後に、高齢世帯の家の周囲の草刈等を試行し、どの程度の料金設定だと支援活動が続けられるか試算を行っています。"竹を活用した有機農業"では、機械をレンタルして、山に跋扈する竹の伐採とチップ化、堆肥化、ほ場での利用実験を行い、県の特産品モデル実証実験に繋げ、役場と連携して有機栽培エゴマを使ったエゴマオイル開発に繋げていきます。"歴史・文化の継承"では、地区の史跡の調査や史跡めぐりツアーを実施します。また、三原の伝統食をまとめ、試作や試食会を催します。その他、みんなが気軽に立ち寄れる場「わいがやサロン」を試行します。活動がそれぞれ参加者のやりたいこと、問題意識に基づく活動であったこと、話し合いを効率よく進行できる人材、活動に必要な技術を持つ人材がいたことから、プロジェクト中盤には、支援チームの出番はほぼなくなりました。

　プロジェクトが終了した2016年度、活動の総括を経て、成果を引き継ぎ、中心メンバーで『未来塾』を立ち上げることが決定しました。体制・活動の概要は以下の通りです。

・活動拠点を川本北公民館とし、町は公民館の維持管理と社会教育等の業務を未来塾に委託
・未来塾は業務委託料、活動の手数料で、子育て中の女性2名をスタッフとして雇用
・主な活動は高齢世帯の生活支援（家回り・家内作業）、交流の場の運営（コーヒーの日、昼食会、バザー等）、食文化伝承、サークル活動支援、介護予防・ふるさと教育（役場依頼）
・活動の企画、運営に携わるメンバー（仕掛け役）はすべて有償
・2名のスタッフは、公民館業務を行うとともに各活動の運営を支援

　現在、活動拠点である川本北公民館には老若男女様々な方が集います。その理由の一つは活動の要に若いスタッフがおり、それをベテラン層が見守り、動きやすい環境をつくっていることです。スタッフは上記の業務に加え、同

世代向けの企画や自主企画にも取り組みます。例えば、住民の皆さんをインタビューして映画に編集し、上映会には沢山の人が集いましたが、若い世代ならではの交流の場づくりだと思います。未来塾のイベントには地区外らも若い世代が立ち寄ります。エゴマ栽培農家を目指して若い世帯が複数移住してきており、その人達の社会的受け皿にもなっています。

(2) 邑南町口羽地区『口羽をてごぉする会』

　口羽をてごぉする会は未来塾より早く2008年に活動を開始した住民組織です。活動は、地域の団体事務・自治体業務の代行（中山間地域直接支払交付金、多面的機能交付金、農業法人の事務代行、町からの施設管理業務の受託）、高齢世帯の生活支援、買い物支援バス、新聞販売、総菜製造販売、ふるさと米販売など多岐に渡っています。また、経済事業の拡大に伴い、組織をLLPてごぉする会、LLPてごぉする会の活動承認を担う口羽地区振興協議会の２層構造にしています（本文では２つを併せて、口羽をてごぉする会と述べます）。また、60％近い高齢化率、限られた担い手という条件の下、効率性を重視した運営体制をつくっています。特徴は次の通りです。
・事業・活動の運営に携わるメンバーは全て賃金、給与を得て仕事として携わる。
・部会はなく、事務局３人（地域の諸団体や役場との調整役である所長、会計や施設管理等を担う常勤事務員、企画・運営、労務管理を行う非常勤の地域マネージャー）プラス登録人材チームで活動している。人材チームは様々な技術を持つ人で構成され、事務局からの依頼を受けて動く。
・LLP口羽をてごぉする会は毎年度、事業計画を提出、口羽地区振興協議会が地域活動として承認する。

　今後、多くの地域でさらに人口減少、担い手不足が進むなか、口羽をてごぉする会の地域の団体事務・自治体業務の代行業、部会のない活動体制、事業組織と承認組織の２層構造は、これからの地域運営の形を先取りするものだと考えています。

そして、口羽をてごぉする会の活動にも、若い世代が関わっています。拠点であるよほしば会館では、オフィススペースをデマンドバスを運営するNPOに提供し、若い世代がオペレーターをしながら、SNSを使い地域外の出身者と交流し関係人口づくりを進めています。県外からUターンしてきた若者が、作業療法士の経験を活かして拠点で暮らしの保健室を開催しています。さらに、これらの若者達は地元の子ども達の「家の外で友達と勉強する場所が欲しい」という声を聴いて、子ども達と一緒に手作りで自習室を作りました。活動拠点であるよほしば会館では地元のおじさん、おばさんが仕事をする隣のスペースに子ども達が勉強する姿がみられます。自習室を利用していたOBの高校生中心に自主企画の動きもでてきています。

6．地域運営組織のこれからの役割

　これからも地域運営組織の基本的な役割は、集落単位で低下しつつある共助（見守り、ちょっとした手助け）、住民間交流、地域の困り事・相談事の役場へのつなぎの補完であると考えます。また、組織の活動に活気があり、様々な層のソーシャルミックスが生み出される場となるためには、従来の地域活動で当り前であった、活動の無償性や前例踏襲性から脱皮し、若い世代が関わりやすい、新たなことに挑戦しやすい環境をつくることが必要であることを述べました。

　そして、このことは、これからの地域と次世代にとってとても重要であると考えます。なぜなら、活気ある地域運営組織をつくることは、"人口減少が進む中で住民が安心して暮らす地域の体制をつくること"であるとともに、"高齢化の中で若い世代が少数派となり、地域活動でイニシアティブをとりにくくなった状況を打破し、地域を次世代に継承していくための仕組みをつくること"でもあるからです。そして、そのような組織は、未来塾や口羽をてごぉする会でも紹介したように、地域内外の若い世代を魅きつける力を持っています。そのような活気ある地域運営組織が増えるよう、筆者も微力なが支援を続けていきたいと考えています。

第6章　地域運営組織のこれまでとこれから

　最後に、地域運営組織は地域課題を解決する特効薬ではありません。その活動がどんなに優れていても、それだけで住民の暮らしは支えられません。住民による自治と共助、買い物場所・病院・保育所・学校・公共交通など生活サービス機能の維持、住民の働く場の確保（地域産業）があってこそ、地域の暮らしが支えられることを最後に申し添えておきます。

注
1 ）総務省による地域運営組織の定義や設立の状況については「令和5年度地域運営組織の形成及び持続的な運営に関する調査研究事業報告書」を参照のこと
2 ）集落と自治会の内容は地域により、同じ階層・活動内容を指す場合、集落の一つ上の階層に自治会が位置付けられる場合等があるが、本稿では併せて集落と呼称する
3 ）「地域マネージャー」は地域運営組織全体および各部会の運行支援（企画・運営、連絡調整、経理等）を業務として担うスタッフの呼称として2008年度当初、島根県・市町村で用いられており、現在でも引き続きその呼称を用いる自治体がある。また、近年は、地域マネージャーの役割を担うスタッフの財源として、集落支援員制度や過疎債等が使用されていることが多い
4 ）生活支援コーディネーター、地域包括ケアについては厚生労働省の次のホームページを参照のこと　https://www.mhlw.go.jp/stf/seisakunitsuite/bunya/hukushi_kaigo/kaigo_koureisha/chiiki-houkatsu/index.html

用語解説
○集落
　住んでいる地域のことについての定期的な情報共有や協議の場を持ち、地域維持のための共同作業を行う（道路脇や集会所の草刈清掃、伝統行事など）、住民で組織された最も小さな地域のまとまり。
○ソーシャルミックス
　地域の年齢、職業など属性、背景が異なる人々が交流し、必要なとき支え合ったり、連携したりしながら暮らしている状態。
○デマンドバス
　利用者の予約によりエリア内を運行する予約制のバス。路線バスと異なり、予約があった時間に予約があった区間だけを運行するため、決まったダイヤがない。
○（デマンドバス）オペレーター
　デマンドバスの予約の受付、運行管理、運行経路の策定、運行状況の確認などを行う人。

〈コラム6〉
上秋津での学びと私
一般受講生　武田 浩卓

　まず初めに。この講座は私が地域づくりをやろうという思いを維持するためのカンフル剤である。この講座がなかったら「紀美野地域づくり学校」への参加も地域づくりに深く関わることもなく、様々な日本の課題をもやもやと眺めながら定年を迎えたであろう。それを考えると私にとっては貴重な時間だったと思う。

　本講座の受講では、アンテナを広げ多様な分野に関心を持つことで、特に農業を中心とした地域づくりのベースとなる歴史・理論と実践事例を多く学び、またこれまでの知見と系統立てて理解が深まったことが大きかった。

　学んだ内容を振り返り以下のような点を特に整理しておきたい。

・地域づくりは、先進事例をまねるのではなく学んだ結果を地域に合う施策の構築に応用し、一過性ではなく特に経済的かつ世代循環を踏まえた継続性を重視し、地域内で経済を成立させ、さらに外商や外から人を呼び込み外貨を稼ぐことが重要であること。
・農業を生計手段とするには、先駆者の知恵を継承するのみならず幅広く最新の情報を活用した挑戦の繰り返しから生み出したモノを、どう加工しどこで売っていくかについて広く近場から世界まで目を向けること。
・地域に入りこむことの目的・意義は、決して今困っている特に高齢者のサポート等の課題解決だけでなく、地域に根付く、あるいは深く関与することで、地域の資源や文化など財産をスムーズに継承するためであること。
・現在の農林水産業を取り巻く環境として、資源循環は重要な視点であり、関連した工夫や技術は日々どこかで生み出されていることを踏まえ、多様なバックボーンを持った人間が兼業することで、生産の現場を維持発展させていくことが必要であること。
・農山村への人の流れは多様かつ活発になっているが、高齢化を含む人財の減少ははるかに凄まじい。しかしながら、昨今の若者の中には、地域おこし協力隊員に生きがいを見出し職業として選択する者もみられることから、彼らの任期後を見越したバックアップ体制や選択肢を持った社会の仕組みが必要であること。

　そもそも「観光学部」の学生が、グリーンツーリズムをベースとした農村

や食料等の課題どころか、がっつり地域の課題に向き合い地域づくりを学んでいるところがこの講座の異質で凄いところだと思う。日本の解決すべき課題解決、というより成すべき将来像に向かう若者を育てている場だと言ってもいいかもしれない。

　私が受講した8年間で徐々に変貌を遂げてきたこの講座だが、急逝された玉井会長が実践しようとしていたと思われる「新しい観光を踏まえた関係人口の創出」や「再生エネルギーの導入など資源循環社会の構築」といった地域づくりの新しいテーマも目の前にあり、学生も交えて次のステップに向かう時期が来ていると感じる。

　今後は、地域づくり全般に視点を広げ、資源循環や再生可能エネルギーの講座を加え、コロナ下で中断していた現場見学やフィールド活動の機会を増やすことで、より実践的な講座になるといいなと思う。もちろん目的は、上秋津を地域づくりの先進地として、秋津野流資源循環社会を構築することにある。

　もう一つ、観光学部の講座内で学生が就職先として地域おこし協力隊を考えているという発言を聞いて、少なからずカルチャーショックを受けた。いろいろな場面で今の若者の価値観は我々昭和世代とはまるで違うとは聞いてわかっていたつもりだが、やはり衝撃だった。そこで思ったのが、我々大人は、とかく若者に指導したがるものだが、この閉塞感漂う日本社会を変えるのは彼ら若者であり、彼らの価値観でないと変えられないものだとも思う。我々は彼らの価値観を尊重し、彼らの考えに沿って必要な知識を持ってサポートしていくくらいで良いのではないかと思う。

　最後に、色々な縁があって、超よそ者だった1年目から始まり、コロナ渦を経て学生や社会の雰囲気が明らかに変わったのも目にしつつ継続して8年間学べたこと、この場を作って頂いた皆々様に感謝を申し上げます。

〈コラム7〉
仲間たちと共に学んだ地域の絆
一般受講生　円座 史人

　この世界の大空の中には、未だに発見できていない事があるようです。この大空の中にあるひとつの場所では、大きな竜巻が渦を巻いてそびえています。
　その大きな渦の中心には、宙に浮いている大きなお城があって、そのお城のことを昔の人たちはラピュタと呼んでいました。そして、その街のような大きなお城に住んでいる人たちはラピュタ人（びと）といわれていました。ラピュタ人（びと）は自分たちでこの宙に浮くお城を作って、そのお城で暮らしていましたが、そこで暮らし始める前は、地上で農業をして色々な作物を自分たちで作り、その作物を家族と分け合って食べたり、その作物を売ってお金を稼いだり、作った作物を他の地域の食糧や特産品などと交換して暮らしていました。そうして、みんなが争いごとのない暮らしをして穏やかな日々を過ごしていたそうです。
　そして、そのような時代が何百年も続いていた頃、ひとりのラピュタ人（びと）が飛行石という不思議な石を発見して、その飛行石を結晶化する技術を開発し、大きな飛行石を作りました。飛行石の結晶は反重力物質となり、その飛行石の結晶だけで人や物を宙に浮かすことができたそうです。
　ラピュタ人（びと）たちは、この画期的な飛行石を結晶化する技術を応用し、様々な便利な機械を開発し製造していきました。そして、その技術を使って兵器や武器を開発し他国を支配することが出来ることに気がつきました。そして、圧倒的な武力で他の国を支配したのですが、最先端の科学力で作り上げた天空のお城であっても、たとえ世界一の武力を持っていても、地上を離れては、美味しい野菜や美味しい果物は作れず、美味しいお水も十分に得る事が出来ず昔のような穏やかな生活を過ごすことができないということにラピュタ人（びと）たちは気づき、悟りました。その後、ラピュタ人（びと）たちは、天空のお城　ラピュタを放棄して再び、地上で暮らし始めたということです。
　「どれほどの強大な武力で天空から他国を支配しても地上で農業をして暮らしていた頃のような穏やかな日々を過ごすことはできない。」これは、宮崎駿監督の「天空の城　ラピュタ」という映画の話でありますが、この農業という活動を農作物の生産ということだけではなく、仕事や、家庭のこと、地域

の活動、ボランティア活動などで多忙を極めている現代人が身体やメンタルの不調により体調を崩した際のリハビリ（回復期）として活用していけることを「地域づくり戦略論」で学びました。その農業の活用方法は、都市部などで仕事や生活されている人たちが、少しの期間、地方でのワーケーションとして農作業を行い、無理なく体を動かしながら穏やかな生活を過ごして体調を整えたのちに都市部での仕事や日常生活に復帰するという取り組みのことであります。

　こういった農業という活動を農作物の生産や販売といった目的だけではなく、現代人が健康を回復させる方法として活用していくことは、農業を福祉の分野などに取り入れて活用していくことを模索していた福祉職の私にとって、「農福連携事業」をどのように実践していけば良いのかという方向性を考えていく上での大きな礎となりました。

　和歌山大学南紀熊野サテライトの取り組みである「地域づくり戦略論」から８年間、和歌山大学学部開放授業の受講生として地域づくりを学ばせていただきました。たくさんの思い出を思い出してみてもあっという間の８年間でした。この８年の間には私自身のプライベートにも大きな変化がありましたが、たくさんの先生方、講師の方々、学生の方々、社会人受講生の方々、運営のスタッフの皆様、たくさんの良いご縁に恵まれまして地域づくりを勉強させていただきました。毎回、勉強不足の私をいつも暖かく受け入れてくださり本当にありがとうございました。

　田辺市の偉人である南方熊楠によりますと、人と人とのご縁や出会いは偶然だけではなく必然でもあるとのことです。これからも良い人との出会いやご縁を大切にして地域づくりを学んで行きたいと思います。素直な心の眼で世の中を見て、地域を見て、人を見て、学び続けて、地域に住んでいる人たちのお役に立てるような地域づくりを実践して行きたいと思っています。

　「小さなことからコツコツと。。。」

　これからも、どうぞ、よろしくお願い申し上げます。

第Ⅱ部　地域づくりとマネジメント

〈コラム8〉
寸　感
一般受講生　小田川 隆

　紀南地方には京大水族館、北大演習林、近大水産研究所、亜熱帯京大植物園（閉鎖）、大島研究所くらいしか、高等教育機関を見かけませんでしたが、和歌山大学が南紀熊野サテライトを開設し、紀州大災害発生後の江種・此松両教授の活躍は、復興に地元民の意識を昂揚させています。当時の和歌山大学学長の山本健慈氏は、東京一極集中、地方の疲弊、少子高齢化が激しい日本の中で、大学はどうあるべきか？と問い掛け「社会と住民が直接的に相対し、繋がると云う課題が、大学にとっても大きな問題になっている。和歌山大学は、地域を支え、地域に支えられる大学を目指す。」と言われていました。その後、現在に至るまで、その方向性は変わらないと確信しています。そして、今後もそうであると信じたい。

　本題に入りますが、現在は追手門学院大学に移られましたが、藤田武弘先生が開講された本講義は正しく地域貢献型大学である和歌山大学の提供するサテライト講義その典型でした。本講義の特徴は、以下の点であると考えます。①社会人とともに、本学学生が積極的に参加していたこと、②参加学生は観光学部が中心であったが、経済学部やシステム工学部、さらには教育学部と全学部からの参加があり、学年も様々であったこと、③社会人と参加学生が積極的に意見交換をしたことで、高等教育機関の存在しない紀南の我々にとって、非常に刺激的であったこと、④講師陣が和歌山大学の教員だけにとどまらず、全国の先生方であったこと、⑤さらに、それらの講師陣が机上の空論ではなく、現場感覚をもった講師陣（大学教員も現場の方も）であり、その講義内容が我々にとって大いに参考になったこと、などです。

　本講義を受けての私的な感想を述べたいと思います。和歌山大学は地元の大学であり、特に国立大学で唯一観光学部を有する高等教育機関です。前述したように、我々にとって、学生との意見交換が非常に有意義でした。私の感じた和歌山大学の学生の特徴について述べたいと思いますが、参加学生の多くが観光学部生であったことから、一般的な和歌山大学の学生の特徴と相違があるかもしれませんが、その点はご容赦いただきたいと思います。

　本講義には、社会への女性参画が謳われるなかで、女子学生の参加が多く、彼女たちは自律性や行動性を有しており、地域課題の解決に向けて非常に積

極的でした。加えて、卒業後は和歌山県を中心に地方での活動（活躍）を希望していたことも非常に感動しました。私の学生時代には、女性の社会的地位が必ずしも確立されていたわけではなかったことから、このような女子学生（もちろん男子学生も）の考えは、今後の社会変革を考えるうえでも重要であり、たいへん感銘を受けました。

　このような講義を和歌山大学が開校したこととともに、江頭財団が支援したことも素晴らしいことです。大学と地域が連携し、地域社会と関わりを持ちながら、県内（特に紀南）でこのような講義を今後も開講していただければ有難いし、農業や地方創生だけではなく、和歌山に特化した（例えば、移民問題やトルコとの関係など）講義開講にも期待しています。

　繰り返しとなりますが、本講義は、中身の濃い内容であったことに加え、学生との議論により、たいへん刺激のあるものでした。そして、本講義の受講生の多くが和歌山県庁や農協・自営と地元で活躍しています。農研機構などの研究機関、大学教員まで育成しています。このような点も素晴らしいと思います。

　あれこれと申しましたが、感謝を込めて脈絡の無い駄文を呈しました。

第Ⅲ部

地域づくりをめぐる新たな潮流

〈写真解説〉
○左上：園主・利用者間のコミュニティ醸成に効果的な「農業体験農園」（東京都練馬区）
○右上：那智勝浦町色川地域振興推進委員会の原和男さん（左）と大西俊介さん
○左下：田んぼでの稲架がけ作業を手伝う学生たち（岡山県津和市、法政大学図司ゼミ）

第7章

都市農村交流とコミュニティの形成

藤井 至（大阪商業大学）

はじめに

　戦後から現在まで、都市と農村の関係は、過密と過疎、都市農村格差といった言葉にあるように対立という視点で認識されてきました。一方、社会の状況が目まぐるしく変化する中で、農村へと向かう都市の動き、都市を巻き込む農村の動きも拡がり、交流・連携・協働といった関係性が各所で生まれています。その中心にあるのが都市農村交流の取り組みです。都市農村交流は地域のさまざまな実践により、かかわる人々に多くの影響を与えています。

　本章では、都市と農村の関係性の変化と都市農村交流の展開について大まかに把握した上で、全国各地に拡がる都市農村交流の取り組みと各種の実践が、かかわる人々に与える影響を紹介していきます。コミュニティの形成に向けた都市農村交流のあり方とはどのようなものなのでしょうか、筆者の考察を示したいと思います。

1．都市と農村の関係性の変化

　戦後、特に高度経済成長期以降の日本では、農村から多くの働き手が都市へと流れ込み、都市の「過密」、農村の「過疎」という状況が生まれてきました。その結果、都市と農村の関係性は「対立」というかたちで表現されてきました。

　高度経済成長期以降の農村の状況について小田切（2009）は、都市への人口流出による「人の空洞化」は今も続いており、1980年代ごろからは、農村の担い手不足による耕作放棄、林地荒廃といった「土地の空洞化」、1980年

代半ばから1990年代にかけては、寄り合いをはじめとする地域維持活動の減少等、お互いに助け合う機能の低下といった「むらの空洞化」が進行していることを指摘しています。

また、変わり果てていく農村の姿を目の当たりにし、経済発展の中で農業・農村の社会的地位の低下を感じていく中で、いつしか農村で暮らすことやなりわいに対する誇りを失ってしまう「誇りの空洞化」が農村住民の心の奥底で拡がっています。農村を訪ねた際に聞くことがある「こんな何もない田舎に何しに来たの？」という言葉は、控えめな農村住民の気質から出た発言かもしれませんが、誇りの空洞化が無意識のうちに進んでいる姿とも言えるのではないでしょうか。

これら「四つの空洞化（人・土地・むら・誇り）」がじわじわと拡がるさなかで、大規模災害等をきっかけに「臨界点」へと達すると集落の限界化やコミュニティの崩壊へとつながってしまうと小田切は整理しています。

一方、農村からの労働力を取り込み発展してきた都市においてもさまざまな問題が指摘されています。グローバリゼーションの進展を背景に拡がっている食の安全・安心に対する不安感、「食の外部化」が進むことによる生産と消費の距離の拡大、東日本大震災以降に顕在化した大規模災害発生時のコミュニティの弱さ等、生活空間としての都市の問題点が浮き彫りになっています。

これら生活空間としての都市と農村の問題を背景に新たな動きが双方において見られています。都市では、安全・安心な食料供給や住みよい景観の形成、大規模災害発生時のセーフティネットの確保や目的を共有したコミュニティの形成等の観点から、農的空間や都市農業に対する関心が高まりを見せています。

2015年に制定された「都市農業振興基本法」は、これまでの都市農業の位置づけを180度転換したものであり、都市において農業は、「不要なもの」から「あるべきもの」、「なくてはならないもの」へと変化してきています。その変化の背景には、都市農家の地道な取り組みと都市住民の都市農業に対す

第Ⅲ部　地域づくりをめぐる新たな潮流

る前向きな評価があります。この都市住民の変化は、都市において農に触れたいというだけに留まらず、農業や農村での暮らしに魅力を感じ、農村への移住を模索する動きにまで拡がっています。

　対する農村においても、人口減少をきっかけとするさまざまな問題の解決を外部依存によって求めるのではなく、地域が主体となり都市の力を巻き込んでいく動きが見られています。都市から農村へと向かってくる動きを「わざわざ来てもらっている」という受け身の意識でもてなすのではなく、対等な立場に立ち、農業・農村のありのままの姿で受け入れることで継続的に都市の力を取り込んでいます。

　また、都市住民を通じて、農業・農村への価値や愛着、失われてきた誇りを取り戻すことにもつながっています（交流の鏡効果）。「星がすごいきれいに見える！」「ごはんがおいしい」「ここに来ると何か落ち着きます」といった言葉が、普段あたりまえに感じている景色やなりわい、何もないと感じることもあった農村での暮らしを再評価するきっかけになっています。

2．都市農村交流政策の展開

　このように都市と農村の関係性が変化している中で、大きな役割を期待されるのが都市農村交流の取り組みです。都市農村交流の取り組みは、さまざまな地域の実践によって支えられていますが、政策的にも後押しを受けることで現在の状況へとつながっています。ここでは、都市農村交流政策の展開について大まかに見ていきましょう。

　1970年代には、都市と農村の格差是正や都市住民の農園ニーズの高まりを背景として「自然休養村（1974年）」事業や「レクリエーション農園通達（1975年）」が発布され、都市住民へのレクリエーション機会の提供というかたちで展開されます。1980年代になると、市場開放・円高協調政策によって農村の外部環境が悪化したことへの対策として「四全総（1987年）」では、都市と農村の交流促進が位置づけられます。一方で、その動きの一つである「総合保養地域整備法（リゾート法）（1987年）」を受けた外部依存型大規模

第 7 章　都市農村交流とコミュニティの形成

リゾート開発は開発実施地域において大きな爪痕を残すことになります。

　1990年代には、バブル経済が破綻し、外部依存型開発から内発的発展へと移行する中で、農産物直売所や体験農園などの開設が全国的に進められます。市民農園や農林漁業体験民宿の普及を目的とした法整備とともに「食料・農業・農村基本法（1999年）」にも都市農村交流の促進が位置づけられています。2000年以降の動きを見ると、2003年には、「都市と農山漁村の共生・対流」が省庁連携の政策群に位置づけられ、「農山漁村活性化法（2007年）」の制定、「子ども農山漁村交流プロジェクト（2008年）」の事業化が行われます。国の重点政策として位置づけられる一方で、農協組織においても農産物直売所を地産地消の観点から交流拠点に位置づけた「JAファーマーズマーケット憲章（2003年）」が制定される等、全国的に拡がりを見せていきます。

　さらに、都市農村交流の取り組みは農業・農村分野だけでなく、観光分野においても注目されています。日本は観光を21世紀の基幹産業と位置づけるとともに、2003年の「観光立国宣言」を受け、2006年の「観光立国推進基本法」の制定、2008年の「観光庁」の設置など観光政策も大きく転換していきました。1980年代から1990年代にかけてピークを迎えた「マスツーリズム（大衆観光）」に代わる観光形態として「ニューツーリズム」に期待が寄せられる中、グリーン・ツーリズムを含む都市農村交流の取り組みも地域とのかかわりやつながりを生み出すという点で今後の展開が期待されています。

3．都市農村交流の多様な実践

　都市農村交流の取り組みは、広く都市住民と農村住民の交流による社会的・経済的活動を指し、農村部において取り組まれるグリーン・ツーリズムをも含めた取り組みです。いまでは、農村においても農業をなりわいとしていない人々が暮らしていたり、都市においても都市農業者による都市住民を巻き込んだ取り組みが進められていたりするため、都市農村交流の取り組みを実態に即した広い意味で捉えると、農村に暮らす非農業者と農業者、都市住民と都市近郊農村住民、都市に暮らす非農業者と農業者の間での交流も含

第Ⅲ部　地域づくりをめぐる新たな潮流

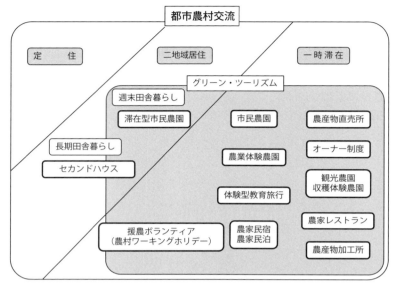

図1　都市農村交流の多様な実践

資料：農林水産省『平成25年度 食料・農業・農村白書』を基に筆者加除修正。

み、農村地域から都市地域にわたり多様な展開をしていると言えるでしょう（図1）。

　グリーン・ツーリズムは、日本においても認知されつつありますが、西欧諸国においては人々の生活に深く浸透しています。その背景には、農村固有の地域資源は社会的共通資本であると人々に認知されていることや長期有給休暇制度を導入していること等、社会的・制度的な特徴があげられます。この「西欧型グリーン・ツーリズム」と「日本型グリーン・ツーリズム」を対比した青木（2010）は、日本型グリーン・ツーリズムについて、①余暇文化が定着しておらず労働者のまとまった余暇確保が難しいこと、②さまざまな規制によって多様なビジネス展開が難しいこと、③「ムラ意識」や集団主義がもたらす「横並び主義」によって個性的な活動が発展していかないことといった日本特有の阻害要因が存在していると指摘しています。

　では、日本では都市農村交流の取り組みは発展できないのでしょうか。た

しかに西欧諸国と日本では社会制度や農村に対する価値観が異なるため、全く同様の取り組みとして発展していくことは難しいと言えます。しかし、日本の農業・農村は小規模家族経営が中心にあり、各農家による創意工夫によって経営を続けてきたという下地を都市農村交流の多様な展開にも活かすことができます。また、長期有給休暇制度が導入されていないため一回の交流での滞在期間は限定されていますが、「リピーター」に象徴されるように反復的滞在を特徴とする「心の通い合う交流（地域とのつながり）」を実現している点は日本独自の大きな特徴と言えます。

以下では、さまざまな取り組みが進められている都市農村交流について、四つの代表的なもの（農産物直売所・市民農園・農家民泊・農村ワーキングホリデー）をより具体的に見ていきましょう。

(1) 農産物直売所における交流

1970年代に無人市あるいは定期市として開催された農産物直売所（以下、直売所）は、1980年代後半から1990年代にかけて活発に開設され、全国的に成長を遂げています。2000年以降は、農協直営型や道の駅併設型、民間企業型の常設大型店舗が各地で開設される等、大規模化が進んでいきました。2000年代後半以降になると、インショップ型やスーパーマーケットの地場産コーナーも展開されたことで直売所同士あるいはスーパーマーケットとの間での競争が激化しています。

そのような状況の中、各直売所では他の直売所との差別化を図るべく、事業の複合化に取り組んでいます。地域独自の農産物や加工品の取り扱い、地場産商品を多く揃えるための工夫や品揃えの充実、地場産食材を利用したレストランあるいはイートインの併設、各種イベントを通じた消費者との交流、直売所出荷者による農業体験の受け入れ等、その取り組みは多岐に渡ります。

当初の直売所は、生産者にとって規格外品の販路の確保や高齢者・女性農業者の農業経営内での地位向上等、農業に取り組む意欲の向上や潜在的な生産力の底上げといった役割が期待されていました。また、消費者にとっては、

安全・安心で安くて新鮮な農産物の確保の場といった役割が期待されていました。近年では加えて、都市農村交流に関心はあるけれどのように関わればよいかわからないという消費者が抱える悩みに対して、農業者との接点を持つことができる各種イベントや農業体験の場を提供することで都市農村交流へと誘う「入り口」としての役割も期待されています。

しかし、期待とは裏腹に直売所内における生産者と消費者の交流機会が十分に確保されているかというとそうではないのが現状です。例えば、近年の主流ともなっている大規模直売所の場合には、出荷時や引き取り時、POSシステムの活用による追加搬入時等、交流機会がどうしても限定されています。また、さまざまな運営形態の直売所が拡がる中で、生産者があくまでも販売先の一つとしか認識していないケースや消費者もスーパーとの違いがわからず単なる食料品を購入する場としてしか認識していないケースもあり、直売所を交流拠点へと昇華させていくためには、意識的な交流の仕掛けづくりが必要と言えます。

2018年に全国のJA直営の直売所に対するアンケート調査（回収率29.1％）を行った岸上ら（2021）は、交流・体験活動の取り組みは農協の本所や各部署で行われていることが多く、JA直営の直売所には交流や体験活動に取り組む人員が配置されていない点を指摘しています。一方で販売高の大きいJA直営の直売所ほど交流・体験活動の実施率が高く、今後も積極的に取り組みたいという意向が強いことも示していて、直売所における実施体制の整備と交流・体験活動の明確な位置づけが必要であると述べています。

直売所は全国各地に拡がっており、消費者が日常的に利用するまで浸透している中で、直売所を利用する人々をどのようにして「一消費者」から「地域を支える関係人口」へと変えていくことができるか、交流拠点としての直売所のあり方がいま問われています。

(2) 市民農園における交流

1970年代より展開されてきた市民農園の取り組みは、「特定農地貸付法

(1989年)」、「市民農園整備促進法（1990年）」が相次いで制定されたことを受け、一定区画を利用者に貸し付ける「貸付方式」の市民農園として拡大していきました。

　一方、貸付方式の市民農園には、①農園作業に取り組むにあたって、種や苗、肥料といった資材の準備等、時間的余裕が必要となること、②農作業に慣れていない場合には管理が難しくなり「ミニ耕作放棄地」を生み出してしまうこと、③他の利用者と集まる機会がなくコミュニケーションが取りづらいためトラブルを招く場合があること、④利用料金が安いため農業者にとっては収益性が低いこと、⑤農地を貸し付けるため都市農業者にとって相続税納税猶予制度の適用が難しくなること（「都市農地貸借法（2018年）」が制定されたことにより現在は適用可能）といった問題点が指摘されていました。

　このような状況を受けて近年では、農業者自らが経営の一環として農作業を利用者に体験させる「農園利用方式（貸借権設定なし）」の市民農園、「農業体験農園」が各地で展開されつつあります。農業体験農園の取り組みは、東京都練馬区の農家である加藤義松さんと白石好孝さんが、横浜市で実施されていた「栽培収穫体験ファーム」を参考に仕組みづくりを行いました。

　農業体験農園では、農園主（経営主）である農業者が年間に栽培する農産物の計画や農機具・種や苗・肥料・農薬等の必要な資材を準備し、定期的に講習会を開催することで利用者に栽培方法等を指導します。利用者は、入園料金と収穫物代金を利用料金として前払いし、種まき・植え付け、日頃の管理から収穫まで一連の農作業を体験することができます。各農園では、単に農作業体験を行うだけではなく、農園主と利用者、利用者同士の交流の機会として、収穫祭をはじめとする各種イベントを開催しています。つまり、貸付方式の市民農園と同様に都市住民の土に触れたいというニーズを満たしつつ、指摘されていた問題点への対策を含めた仕組みとして実施されています。

　農業体験農園の取り組みを全国に先駆けて行ってきた東京都練馬区の16名の農園主を対象にお話を伺ったところ、農業体験農園の役割として以下の点を評価しています（藤井ら：2018）。

農業経営面については、①利用料金設定が1区画あたり5万円（2024年現在では5万5千円。平均区画数は約100区画）と農業者にとって高い収益性があること、②一連の農作業を利用者に体験してもらうため通常の生産出荷にあたる労力が削減されること、③収益面と労働面の効率化によって農業経営の新規品目導入や販路拡大が図れること、④上記の点を踏まえ、経営の将来ビジョンが明確になることから後継者の確保へとつながっていることを評価していました。また、交流面についても、①農業体験農園を通じた交流の積み重ねによって、日頃から農園運営をサポートしてくれる利用者の育成につながることや利用者のリピート率が高くコミュニティが生まれること、②農業体験農園に取り組み畑に人が集まることで近隣住民の関心を引き、農業理解の促進につなげることができること、③農園主自身が自分の暮らしている地域についての理解や農業の持つ価値を再認識することにつながっていることを評価しています。

農業体験農園における1回の交流機会は定期的に開催される講習会への参加や日頃の農園の管理作業、年に数回開催される収穫祭等の各種イベントの時であり、平均するとせいぜい1時間程度しかありません。しかし、短い交流機会が反復的・日常的に行われることで、コミュニティを生み出す場として機能しています。

2015年に制定された都市農業振興基本法には基本理念として、①都市農業の多様な機能が適切かつ十分に発揮されるとともに、都市農地の有効な活用及び適正な保全が図られること、②良好な市街地の形成に資するよう都市農業の振興が図られること、③国民の理解の下に地域の実情に即した推進が図られることが示されており、市民農園等の整備についても必要な施策を講ずるべきとしています。市民農園を通じた都市農村交流の動きと都市農業振興に対する理解の促進が今後も期待されています。

(3) 農家民泊における交流

2000年代後半以降、教育現場や家庭における子どもたちをめぐる課題があ

らわれてきた中で、都市部の小・中学生および高校生が、農山漁村に滞在し、体験学習を行う「体験教育旅行」を導入する動きが拡大してきました。その受け皿として、農家に宿泊し農作業や農村暮らしを体験することができる「農家民泊」に対する期待も高まっています。

2008年より実施された「子ども農山漁村交流プロジェクト」は、受入体制の整備や農家民泊の受け皿拡大のきっかけとなりました。2016年以降は、国が農山漁村に宿泊し、滞在中に地域資源を活用した食事や体験等を楽しむ農山漁村滞在型旅行を「農泊」とし、「明日の日本を支える観光ビジョン」においてその取り組みを推進すると位置づけています。それを受け、2017年度からは「農山漁村振興交付金（農泊推進対策）」として事業化されています（2024年現在は「農山漁村振興交付金（農山漁村発イノベーション対策）のうち農山漁村発イノベーション推進・整備事業（農泊推進型）」）。

当初、受入地域における副収入の増加や事後的な地域産品の購入等の経済的な効果が期待されていましたが、子どもの教育にかかわることへの喜びや高齢者の生きがいの創出、コミュニティの活性化、子どもたちの目線を通じた地域の価値の再認識（誇りの再生）といった非経済的な効果も見られています。また、農家民泊を利用した利用者や体験教育旅行を実施した学校関係者からは、2泊程度の滞在期間とはいえ、都会では経験することができない農家との「暮らしとこころ」がみえる体験交流の場として高い評価がされています。

一方で、農林水産省による農泊事業が推進されて以降、農林漁家民宿・農山漁村民泊・ゲストハウス等の「家主同居型」の小規模交流宿のみならず、古民家一棟貸しや廃校活用ホテルのような「家主不在型」の宿泊施設までも農泊として用いられていることから（中尾：2022）、体験交流の場として機能するためにはその位置づけを明確にすることと農泊にかかわる関係者同士が連携できる仕組みづくりが重要と言えます。

実際に、受入地域と学校側が体験教育旅行の位置づけについて共有し、事前・事後学習との連携が十分に行われる場合には、農村での体験学習が有す

る高い教育効果について共有され、結果的に継続的な取り組みへと発展させることも可能です。また、受入地域が有するさまざまな施設や資源を意図的に組み合わせることで、受け入れに積極的な一部の人々による個人的な取り組みではなく、「地域ぐるみ」の取り組みとして地域全体に効果を波及させることも期待できます。

(4) 農村ワーキングホリデーにおける交流

　ワーキングホリデーは一般には、国際理解の促進を目的とし、海外での休暇機会とその資金を補うために一時的な就労機会を与える制度を意味します。一方、「農村ワーキングホリデー」は、農林業・農山村に関心を持ち、田舎暮らしや農林業を体験してみたいと希望する都市住民に対して繁忙期の農林家が寝食を提供することで労働力を得るという仕組みを指します。

　1998年に日本国内で開始され、長野県飯田市に代表される「無償方式」と宮崎県西米良村に代表される「有償方式」があり、農業・農村の担い手不足に悩む多くの地域で導入に向けた検討がされていました。

　観光目的ではなく、対等平等の関係に基づくパートナーシップ事業と位置づけられた飯田市の取り組みでは、飯田市役所が窓口となり、毎年春と秋に3泊4日のプログラムを各2回実施しています。受入開始当初は32名であった参加者数は、近年400名ほどになり、2011年段階における参加登録者数は1603名、参加登録者の60%にも及ぶリピーターが存在しています。参加者は、関東・関西を中心に定年退職を迎えた60歳代の夫婦や男性が多いですが、開始当初から20～30歳代の女性も多く、田園回帰志向の外部サポーターを取り込む仕組みとなっています。

　飯田市の取り組みの特徴は、参加者にとって移住を検討する際に地域に馴染めるかを判断する「お試し機会」を提供し、地域住民にとっても参加者を移住者として受け入れて大丈夫か「適性を見極める機会」になっていることです。農村ワーキングホリデーに繰り返し参加する中で移住を決断した際、受け入れを行ってきた地域住民が「里親」のような役割を果たすケースも見

られています。飯田市では、農村ワーキングホリデーによる事業効果を営農意欲向上等の農業振興、新規就農を含む定住の促進、地域への関心を持ってもらう関係人口づくり等、多方面に及ぶと評価しています。

また近年では、大学生と大学教員が地域の現場に入り、地域の課題解決や地域の活性化及び地域の人材育成にかかわる「域学連携」の取り組みとして農村ワーキングホリデーを導入しているケースもみられます。

岩手県胆江地区（奥州市と金ケ崎町）では、受入農家を中心に受入組織を立ち上げ、域学連携型の農村ワーキングホリデーの受け入れに取り組んできました。受入農家の声をいくつか紹介します。「農家の精神的再生ができていると思う」「学生たちとの会話は新鮮でいい刺激をいただいた」「若い人たちに農業を知ってほしいので交流を深めていきたい」「家族の農業への意識がアップした」「関わってきた学生さんたちの今後の活躍をできるだけ見届けていきたい」。取り組みを通じて、地域に対する誇りの再生や既存コミュニティ・家族の活性化、地域内外の新たなコミュニティの形成といった影響（効果）が表れています（藤井・藤田：2015）。

4．コミュニティの形成に向けた都市農村交流のあり方

全国各地に拡がる都市農村交流の取り組みと各種の実践が与える影響について紹介してきましたが、コミュニティの形成に向けた都市農村交流のあり方とはどのようなものが考えられるのでしょうか。

これまで具体的な取り組みを見てきた通り、都市農村交流により他者との接点が生まれる中で、これまで通りの農業の営みや農村での暮らしでは得られない新たな気づきや意識の変化が生まれます。「この人がこの農産物を作ってくれたのか」「この人が自分の商品を選んでくれたのか」「利用者はこんなことを考えているのか」といったわずかな気づきが関係性の変化へとつながる第一歩になります。

さらに、その気づきをその時だけの一時的なものにせずに、継続的なものにしていくことが重要です。直売所や市民農園では継続的にかかわる機会や

第Ⅲ部　地域づくりをめぐる新たな潮流

仕組みをつくること、農家民泊や農村ワーキングホリデーでは事前・事後の連携を図ることでつながりが構築されていきます。いずれの取り組みにおいても共通しているのは、一回きりの長く密な交流によってコミュニティが形成されるのではなく、一回の交流機会は短くとも反復的に取り組むことで徐々にコミュニティが形成されていることです。

　コミュニティの形成に向けた都市農村交流のあり方を考える上では「反復」という言葉が重要なキーワードとなると言えるでしょう。

　また、反復して続けるだけではなく、時には立ち止まり振り返ることも必要です。交流開始当初は関心も高く多くの気づきが得られるために取り組みが拡大していきます。しかし、やりっぱなしになってしまうと「交流疲れ」を起こし、自身が取り組む意味・目的を見失ってしまいます。反復的な交流によって形成されたコミュニティの中で意見を交換・共有する場、情報収集する場を設けること、学びや気づきを絶やさない「場」づくりが重要です。なお、この「場」は必ずしも堅く設定する必要はありません。ご飯を食べながら、お酒を飲みながら、何気ない世間話が中心でも問題ありません。緩やかなかかわりがコミュニティの力をより醸成し、都市農村交流と取り組みを促進する原動力となります。

おわりに

　これまで見てきた通り、都市農村交流の取り組みは多くの地域実践により、かかわる人々に大きな影響を与え、新たなコミュニティが形成される等、さまざまな効果を発揮してきました。

　そのような状況の中、人々の生活に襲い掛かってきたのが2020年1月に国内初の感染が確認された新型コロナウイルス感染症です。2020年4月に全国を対象とした緊急事態宣言が発出されて以降、複数年にわたり感染防止対策等の対応が求められてきました。都市農村交流の取り組みについてもさまざまな影響があらわれました。受け入れの縮小や休止を余儀なくされ、当初より受入農家の高齢化が進んでいたことも重なって、交流を受け入れることを

完全にやめてしまうケースも見られています。

　一方で、これまで培ってきたコミュニティの力を活用し、反復的にかかわる機会をつくりだしてきた事例もあります。農業体験農園では、取り組みの核となる講習会が密な空間となるため参加が難しいという利用者の声を受け、一部の農園で「オンライン」を活用した取り組みを実施していました。中でも特徴的なのは、講習会動画の撮影・編集・配信等をオンライン活用のノウハウを持つ利用者が協力的に行っていたことです。また、農家民泊の取り組みにおいても一部でオンラインを活用した「オンライン宿泊」が展開されていました。

　オンラインを活用した取り組みでは、従来取り組まれてきた対面型の交流に置き換えられるほどの密な交流は期待できません。しかし、コロナ禍という有事において、質は高くなくともつないできた交流は、社会生活が戻ってきたいま、交流の深化へとつながっています。社会生活が一変するような状況においても、地道で反復的な都市農村交流の取り組みは、コミュニティの維持や形成へとつながり、そのつながりが地域の大きな力となっていくのです。

参考文献
青木辰司（2010）『転換するグリーン・ツーリズム　広域連携と自立をめざして』学芸出版社.
小田切徳美（2009）『農山村再生　「限界集落」問題を超えて』岩波書店.
岸上光克・辻和良・藤田武弘（2021）「農産物直売所における交流・体験活動の実態と課題―JAファーマーズマーケットを対象として―」『農業市場研究』29（4）：8-14.
中尾誠二（2022）「農山漁村教育民泊受入組織におけるCOVID-19禍の影響」『農業問題研究』54（1）：17-21.
藤井至・稲葉修武・藤田武弘（2018）「農業経営・交流の両面からみた農業体験農園の役割―東京都練馬区農業体験農園を事例として―」『農業市場研究』27（1）：12-22.
藤井至・稲葉修武・藤田武弘（2024）「コロナ禍における農業体験農園の体験・交流活動―東京都練馬区の事例から―」『農業経済研究』95（4）：279-284.

第Ⅲ部　地域づくりをめぐる新たな潮流

藤井至・藤田武弘（2015）「域学連携型農村ワーキングホリデーによる地域コミュニティの変容―ソーシャル・キャピタルの視点から―」『農業市場研究』24（1）：41-47.
藤田武弘（2012）「グリーン・ツーリズムによる地域農業・農村再生の可能性」『農業市場研究』21（3）：24-36.
藤田武弘・内藤重之・細野賢治・岸上光克（2018）『現代の食料・農業・農村を考える』ミネルヴァ書房.

用語解説
○インショップ型直売所
　インショップを直訳すると「店の中の店」。大型の小売店舗（ショッピングモールやスーパーマーケット等）の中に独立した店舗形態である直売所のこと。
○イートイン
　直売所内で購入した商品を店内で飲食すること。直売所内に設置されたジェラートショップのような営業形態のものも指します。
○POSシステム
　販売時点情報管理システム。どの商品がどれぐらいの量売れているかレジ通過時に集計するもの。直売所では、出荷者に集計情報が送られることで追加搬入の有無を判断できるようになっています。
○交流疲れ
　取り組みを続ける中、交流に対する目的意識を失ったり、楽しさを感じなくなったりすることで、交流を受け入れることに疲れてしまうこと。

第8章

移住・定住推進と関係人口

阪井 加寿子（和歌山大学）

はじめに

　地方、特に農村地域では過疎化や高齢化が加速的に進行しています。農村から都市への人口流出が半世紀以上続き、さらに首都圏への一極集中が進む中、最近では、地方都市の人口も減少傾向にあります。農村では若者の流出による少子高齢化が顕著で、人口は社会減から自然減へと移行しています。このような農村の振興については政策面だけでなく学術的な面からも議論され[1]、また行政サイドだけではなく、人口減少に危機感を抱いた住民らが自ら、都市から移住者を呼び込んで地域を活性化しようと、内発的に移住・定住支援に取り組んできた地域もあります。一方、「田園回帰」や「関係人口」などと称されるように、都市住民の中にも農村に関心を寄せ、地域に向かう動きがみられるようになりました。このような農村の現状について「人の移動」の面から振り返り、持続的な地域づくりについてみていきます。

1．若い世代の田園回帰

　向都離村の傾向は依然として継続していますが、農村へ向けられるまなざしは、第2の人生に田舎暮らしを求める定年世代だけでなく、若者の間にもみられます。農山漁村に関する世論調査（2021年）をみると、都市住民の農山漁村への移住願望は、20歳代以下の若者世代で比較的高くなっています。また、移住後の生活に期待することとしては「自然を感じられること」を挙げる者が多く、続いて「都市地域とは異なる環境での子育て」が続いています。さらに、移住する場合には生活の拠点を農山漁村に移す「定住」よりも、都市地域と農山漁村の両方に生活拠点を持つ「二地域居住」の願望が多く

なっています[2]。若者世代では、農村の自然環境や子育ての環境に魅力を感じ、移住して田舎で暮らす生活だけでなく、都市部に拠点を持ちながら農村との二地域で暮らす生活スタイルを希望する方が増加していることが伺えます。

　そのような若者の「しごと」の選択肢のひとつになっているのが「地域おこし協力隊」です。参加者は年々増加し、全国で7,200人に達しました。地域おこし協力隊とは、過疎等で条件不利な農村地域へ都会の人材を呼び込もうと2009年に始まった国の制度で、自治体の依頼を受けて3年を任期として地域活動をサポートする仕事です。総務省の資料（2023年）をみると、年齢は30歳代以下が67.2％で若い世代が多く、男性が6割、女性が4割で女性の割合が増加しています。また、任期終了後は64.9％が同じ地域に定住しており、都市住民が農村へ移住・定住するのに効果があり、関係人口を創出する施策だと考えられています。さらに地域おこし協力隊への応募理由[3]をみると、「自分の能力や経験を活かせる」、「地域活性化の役に立ちたい」が上位にきており、自らの能力やこれまで培った経験を農村で試そうと協力隊に応募し、活動が地域貢献につながるとその意義を見いだしているようです。協力隊への参加は、会社員を辞めて参加する者が半数を占めますが、大学・専門学校などの卒業時に協力隊に応募する学生も1割あり、企業への就職を希望しない学生には、自身のスキルアップのための就職先のひとつと捉えられています。

　また、農村の環境も変化してきています。これまで「農村には若者が求める多様な仕事がなく、都会に出ていくのは仕方がない」と、親世代は半ば諦め感をもって言い続けてきましたが、最近では、IT環境の普及により農村においても都会と同じ仕事ができるようになってきました。特にコロナ禍以降は、リモートワークが普及しています。さらに移住者の中には、自ら創業して仕事の選択肢を増やす方もいます。人口減少がつづく農村では、これら若者世代などの都市住民を受け入れて地域を元気にしようと、移住・定住を推進する取組みが続けられてきました。

2．移住・定住推進の展開

　都市住民の農村への移住・定住については、都市と農村の共生・対流の一形態として、都市部への過度な人口集中の是正、過疎対策、農業や農村の振興、また都市住民と農村住民の相互理解の醸成などの目的で国が主導し、推進されてきた経緯があります（阪井（2021））。

　国土交通省（旧国土庁）では、国土計画の面から、高度経済成長期にはじまった都市部の人口集中の緩和と地方への還流をめざす「交流・定住施策」が実施されてきました。「多極分散型国土」形成、「多自然居住地域」構想、「二地域居住」の推奨など、都市と農村の交流・定住に関する施策が実施されました。また、総務省（旧自治省）では、山間地域から農村地域へと拡大した「過疎対策」の面から法律が制定され、自治体への財政支援や民間の税制優遇などが行われ、農村の定住環境の整備や産業振興事業が実施されました。さらに、農林水産省では「農業振興・農村地域政策」において、農業や農村の農家の所得向上や担い手確保の一環で事業が実施されてきました。

　2000年代に入ると退職期を迎える団塊世代の「ふるさと回帰」が注目され、関係省庁連携のプロジェクトチームによる「都市と農山漁村の共生・対流の一層の推進」や内閣府の研究会による「暮らしの複線化（U・Iターンによる再チャレンジ支援）」の提言などの啓発が行われ、また、農林水産省関係の「オーライ！ニッポン会議」や総務省関係の「（一社）移住・交流推進機構」の設立など、全国的な推進体制ができました。過疎化や高齢化が深まっていく地方の自治体は国の施策に連動し、移住・定住推進に取り組む自治体が増加していきました。

　さらに、2015年からは地方創生政策が開始され、「まち・ひと・しごと創生総合戦略」において「東京圏への人口の過度な集中を是正し、地方への新しいひとの流れをつくる」ことが国と地方の共通課題となり、国の新型交付金を受けて全国的に移住・定住推進事業が実施されるようになりました。2020年からの第2期総合戦略には、地方への移住・定着の促進に加え、「都

市と地方のつながりを強化する関係人口の創出・拡大」が盛り込まれています。次に、このような国の施策に対応する地方の状況や取組みについて、和歌山県の事例からみていきます。

　和歌山県は県面積の4分の3以上を森林が占めることから山間地域が多く、「過疎」は早い時期から問題化しました。1970年に制定された過疎地域対策緊急措置法のもとで、県内50市町村のうち14市町村が過疎地域の指定を受けています。当時の振興方針をみると[4]、「所得と生活水準の均衡ある向上、ならびに住民の福祉水準の向上と地域間格差の是正」という目標を掲げ、過疎債の発行や国の補助事業を受けて、道路の整備、医療の確保、産業の振興等の事業を行うとともに、国の制度に採択されない小規模事業については、山村振興特別対策事業として県が補助事業を実施するとされています。これまで、法期限とともに新しい過疎法が制定され、県や市町村は、過疎債の発行や国庫補助のかさ上げ等の国の支援を受け、幹線道路や水道設備の整備、また産業基盤の整備などハード面の事業を重点的に行い、生活環境や経済面における都市と農村の格差の縮小を図ってきました。

　最近は、「過疎地域の持続的発展の支援に関する特別措置法（2021年）」が制定されています。法律の条文には「食料、水及びエネルギーの安定的な供給、自然災害の発生防止、生物の多様性の確保その他の自然環境の保全、多様な文化の継承、良好な景観の形成等の多面にわたる機能を有し、これらが発揮されることにより国民の生活に豊かさと潤いを与え、国土の多様性を支えている」と、過疎がすすむ農村の多面的な機能や重要性が謳われています。この法律に基づき、県が作成した過疎地域持続的発展方針（2021～2025）をみると、和歌山県の過疎地域が置かれている厳しい現状がみえてきます。

　県内の過疎地域は、30市町村のうち23市町村が過疎地域の指定を受け、面積は県全体の83.3％に拡大しています（図1）。過疎地域における人口は417,939人（1980年）から282,021人（2020年）と、40年間で約3分の2に減少しました。また65歳以上の高齢者比率は、14.9％（1980年）から38.4％（2020年）に上昇、一方14歳以下の比率は、22.9％（1980年）から10.5％

第 8 章　移住・定住推進と関係人口

図 1　和歌山県の過疎関係市町村

資料：和歌山県過疎地域持続的発展方針（2020-2025）より転載。

（2020年）に低下し、県内の過疎地域の人口減少及び少子高齢化は著しく進行しています。さらに過疎地域において重要な産業である農林業などの第一次産業の就業人口は一貫して減少傾向にあります。

　本県は人口減少と超高齢社会への過疎対策の方針として、移住及び定住、地域間交流の促進、人材育成の推進、産業振興、情報化、道路・交通などの生活基盤の整備を挙げています。過疎対策の方針において、移住・定住の推進を優先的な施策項目として掲げるのは初めてのことです。これまで本県で実施されてきた移住・定住推進の取組みをみていきます。

（1）行政の就業支援型の移住・定住推進

　和歌山県では農林業者の減少に対し、新たに農業や林業を担う人材の確保や育成を目的に就業研修を行ってきました。このような産業の担い手を確保する研修に、移住施策のはじまりをみることができます。都市部の若者を過疎化や高齢化が進む農山村へ呼び込み、林業の担い手を確保しようとした研修が「緑の雇用」事業（2002年）であり、農業の担い手の確保を目的とした事業が県就農支援センターで実施された「新規就農研修」（2004年）でした。農林業への就業研修は、県内の住民に加え、移住を希望する都市部の若者らに対象を広げて行われました。当時、長引く景気低迷により都市部の雇用力は低下しており、自然豊かな地方で働くことに魅力を感じた若者が応募し、農山村に移住しました。現在、緑の雇用事業は国の施策となり、雇用対策ではなく林業労働者のキャリア形成の意味合いが強くなっています。研修期間を終えて森林作業から離れる者や他地域に移転する者がいましたが、一定の移住者が定住しています。

　このような産業の担い手確保から派生した就業支援型の移住施策は、①都市から農村への若者の移住、②農林業の担い手の確保、③地域の活性化という３つの目的がありました。若い移住者家族は、地域の担い手としても歓迎され、住民にとっては、移住者を農村コミュニティに迎える経験になりました。

（2）官民協働型の移住・定住推進

　就業支援型の移住施策に加え、2006年には都市住民の田舎暮らしを支援する事業がスタートしました。団塊の世代の大量退職が「2007年問題」として注目されると、ふるさとへUターンする都市住民の「定年帰住」の動きが期待され、一定数の中高年層は、定年後の第二の人生に自給的な農業や地域の住民との交流を求めて農村へ移住するだろうと考えられました。

　那智勝浦町色川地域などでは、かねてより移住者を受け入れる取組みが住民主体で行われており、県と市町村は、このような先導的な取組みを事業に

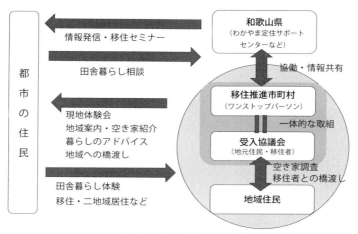

図2　和歌山県の移住・定住推進のしくみ
資料：阪井（2021）より引用。

組み入れ、官民協働した移住支援を始めました。市町村は、移住相談の窓口に「ワンストップ・パーソン」を配置するとともに、移住・定住推進事業により地域を活性化しようと官民連携した協議会（以下、受入協議会）が設置されました。

移住相談のワンストップ・パーソンは相談者の利便性を考慮し、住まいや子育てなど行政部署をまたぐ相談に一カ所（ワンストップ）で対応し、また受入協議会のメンバーである先輩移住者が地域での暮らしについて、自らの経験を移住者にアドバイスするとともに、地元のメンバーが地域の風習などを伝え、地域住民との生活面の橋渡し役をつとめました。受入協議会は、移住希望者と行政、移住希望者と地元住民の間で移住・定住に関する中間支援を行い、県内の市町村の移住支援情報をまとめて県が都市住民に発信しました。

（3）地方創生政策に連動した移住・定住推進

2015年には地方への新しい人の流れをつくることを目標に地方創生政策が

開始されました。現在は、県内すべての市町村で移住・定住事業が行われています。県では国の地方創生交付金事業を活用して移住・定住のプロモーションを拡充させ、東京をはじめ大阪市、和歌山市に「わかやま定住サポートセンター」を開設しました。東京の相談窓口に担当職員を配置するとともに、市町村や受入協議会と連携して移住相談会やセミナーを、年間を通じて多数開催し、地域の移住情報を紹介しています。さらに、移住者の起業や就農・継業の際の助成、空き家バンクの開設、空き家改修への助成等を行っています。

コロナ禍以降の移住相談件数は増加傾向にあります。県によると、定住センターにおける相談者は、東京圏は30歳代以下の若い世代が約半数、関西圏は50歳代以上のシニア層が半数近くあり、人々は多様なライフスタイルを求めて移住を希望しているということです。

3．移住・定住推進による農村の「今」

これまで移住・定住推進に取り組んできた農村の現状を「しごと」、「住まい」、「農村コミュニティ」に注目してみていきます。

(1) 移住者の「しごと」からみた地域の現状（和歌山県紀美野町）

移住後に若者など現役世代が暮らしていくには収入を得る仕事が必要です。これまで農村における仕事は農業を基軸に考えられてきました。しかし農村の現状をみると農家数は減少し、農業以外の仕事で生計を立てる住民の方が多くなり、移住者の仕事についても多様な業種や働き方が見受けられます。

和歌山県紀美野町は県の北部に位置し、町面積の75％を森林が占める中山間地域です。過疎化・高齢化が進行する同町では2006年から移住支援事業を開始し、町役場の移住支援のワンストップ・パーソンと「きみの定住を支援する会」（以下、定住の会）が官民協働して移住者を支援してきました。定住の会の会長である西岡靖倫さんは町の元職員で、ワンストップ・パーソンも担当した方です。現職の頃より移住者の定住に向けて、移住者と地域の住

民の関係を取り結び、暮らしや仕事づくりについても助言や支援をしてきました。町にUIターンした移住者をみると、都市と農村では商業の環境が異なっており、農村におけるしごとづくりの特徴がみられます[5]。

　移住者のしごとをみると、企業などへの就職やアルバイトが44.9％、自営業が38.2％、農業が16.9％で、自営業は自らの創業によるものです。地域の農産物を使ったレストランやカフェの経営、古民家を活用したゲストハウスやシェアハウスの経営などの飲食店・宿泊業、パンの製造小売業、また情報サービス業では、最近のIT環境やデジタル技術を使って取引先とオンライン会議を行い、制作物を通信回線で送る映像関係の事業や3Dプリンターを使った博物館の展示模型の製造など、移住者は、農業のほか多種多様な仕事を創業して暮らしています。また、自ら創業した移住者の創業動機をみると、収入だけでなく仕事の自由度やこれまでの経験や技術などに加え、趣味や特技なども活かした幅広い自己実現を求めたものとなっています。そして創業時に行った事業への投資は比較的小規模で、勤労収入や兼業により得た収入も併せて、多業により生計を立てている移住者もいます。事例をみると、飲食店までの道路や駐車場の確保などに近隣住民への配慮や協力を得ることが必要で、住民との間に信頼関係を構築して経営を続けています。このような移住者の創業は、雇用の創出や飲食店などへの集客による地域の「にぎわい」創出の効果がみられます。

(2) 移住者の「住まい」の支援に取り組む地域の現状（高知県梼原町(ゆすはら)）

　全国的に農村の空き家が増加しており、最近は放置された空き家も目立つようになってきました。「仏壇や荷物を置いている」、「先祖から受け継いだ家を手放せない」と、空き家を移住支援に活用することは難しい状況でしたが、農村の空き家を移住者の住宅として再生する自治体があります。

　高知県梼原（ゆすはら）町では、2013年に空き家活用促進事業がスタートしました。町は県北西部の四国山地、四万十川の源流域の山間地域にあります。人口は減少傾向で、現在約3千人が居住しています。町は、移住支援の

要素として「家・住環境」を重視し、すぐ住める、リフォームされた一戸建ての空き家住宅を前もって用意することにしました。空き家は、10年間（2016年からは12年間）、町が所有者から無償で借上げて改修・管理し、移住者に安価で貸し付けられ、その後貸借契約期間が過ぎると所有者に返還されるしくみです。空き家の改修には町予算と国・県の補助金が使われます。このような空き家住宅は、修繕が必要ない所有者管理の空き家なども含め、これまで69棟73戸（2023年10月）が活用されています。所有者の「知らない人に家を貸す」不安や抵抗感を、町が間に入って空き家を借上げて移住者に貸すこと、また相談窓口を移住定住コーディネーターに一本化して相談しやすくすることで解消し、さらに負担なしのリフォームや耐震化、水洗化、税の免除などのメリットを明確にしたことが、空き家活用促進事業への所有者の参画を後押ししました。移住定住コーディネーターは、移住希望者の相談にも対応しています。

　町は、移住定住コーディネーターを移住の相談窓口として配置するとともに地域代表（副区長）・各種団体・教育関係者で「くらそう梼原でサポート町民会議」を組織し、空き家情報の収集も行っています。移住者は、町への移住を決定した理由に「住む住宅がすぐに見つかったこと」を一番に挙げており、245人のUIターン家族（2023年10月）が、改修された空き家住宅のほか、町営住宅、新築、住宅購入などで住まいを確保し、暮らしています。

(3) 移住者の農村コミュニティ参加の現状（和歌山県那智勝浦町）

　農村社会には風習や決まりごとがあり、農業生産における道普請や水の管理などの共同作業や冠婚葬祭の行事ごとにおいて、住民は助け合い、つながりをもって暮らしてきました。このような連帯感のある農村コミュニティに移住者が加わるには、お互いの理解の醸成が必要になります。和歌山県那智勝浦町色川地域では、移住に至る段階的なしくみを構築し、農村コミュニティに移住者を迎えてきました。

　色川地域は世界遺産である熊野古道の「那智の滝」から西の方角にある山

間地域です。当地における移住・定住のはじまりは、1977年に地元の有志が、有機農業を行いたいというグループ「耕人舎」を農村コミュニティに受け入れたのがきっかけです。耕人舎は、都市部の若者を農業実習生として受け入れ、実習後には、色川地域に定住する若者が増加していきました。色川地域では、有機野菜の栽培、平飼い養鶏卵、茶、コメの生産など複合的な農業が行われており、現在は、農業以外の仕事で生計を立てる移住者も増えています。

1991年には、「色川地域振興推進委員会」（以下、委員会）が設立され、委員会が行う移住・定住支援は、地域全体の取組みへと発展しました。移住者も地元の住民とともに、自らの地域を持続するために活動してきました。1981年に耕人舎の実習生として移住した原和男さんは、2006年から最近まで委員会の会長職を務め、地域の仲間たちとさまざまな地域づくり活動を行ってきました。地元の住民が高齢化し、委員会のメンバーも移住者が大半を占めるようになりましたが、原さんは、委員会は自治意識を共有する場だといいます。移住者の受入れは、「これまで地域を創ってきた地元の先人に感謝し、（地域を）受け継いで次に託すために行う」仲間づくりだということです。

委員会の移住者支援のしくみは、地元の住民と移住者が信頼関係を築く過程でつくられました。この「定住支援プログラム」により段階的に地域を知り、地元の住民とつながりを持つことができるようになっています。まず、第1段階で田舎暮らし体験（2泊3日）を行い、第2段階では、短期の移住体験（先輩移住者等を1日3家族、滞在中に全9地区の15家族を訪問し、地域や暮らしの話を聞くとともに仕事を観察する。訪問のコーディネートは委員会の定住促進班が担う。）を行い、第3段階では、仮定住して実際に色川地域で生活し、移住する決心がつけば、町の宿泊研修施設「籠ふるさと塾」を拠点に最長1年をかけて住居や仕事を探すというしくみです。

このような段階的に移住に至るステップは、移住者自身の理想と現実のギャップを低減させるとともに移住者と住民がお互いに顔見知りになる機会

第Ⅲ部　地域づくりをめぐる新たな潮流

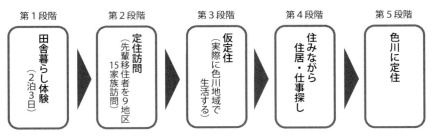

図3　色川地域の定住支援プログラム

資料：色川地域振興推進委員会への聞き取りにより作成。

をつくり、移住後の円滑な定住に役立っています。

　色川地域では、Iターン移住者が地域人口の半数を超えました。地元住民の高齢化などにより地域の人口は約300人と微減傾向にありますが、若者や子育て世代の移住が継続しています。2016年9月、色川小中学校の新校舎が完成しました。旧校舎の老朽化にともない学校の存続が検討され、町は色川の学校を近隣の小中学校へ統合させるのではなく、校舎を建て替えて存続させました。移住者の受入れを長く続けてきた色川地域は、今後も移住者の子弟により児童生徒数が確保されるだろうと判断されました。現在も29人（2024年4月）の子どもたちが新しい校舎で学んでいます。

　過疎化・高齢化で活力が低下する農村において、移住・定住推進に取り組んできた地域の「今」をみてきました。どの地域も行政のみが施策を実施するのではなく、独自の手法や農村にある環境を資源と捉え、内発的に地域の活性化に取り組む住民の姿がみられます。住民と行政は、連携・協働し、また役割を分担して「持続可能な地域」をつくることを目的に移住・定住を推進しています。空き家の再生や学校の存続、地元住民・移住者への信用力は行政が担い、移住希望者の相談や農村コミュニティへの参加は地元の住民が手助けしています。農村には働く場が少ないからと都会へ出ていく若者が後を絶ちませんが、農村への移住者は、農業以外にも地元の企業などで働く者、自ら創業して仕事の選択肢を広げる者、農村のIT環境を使ってリモートワー

クで移住前の仕事を続ける者、複数の仕事をもつ多業により生計を立てる者など、多様なスタイルで暮らしています。地域によっては、移住者の創業により集客拠点ができ、雇用やにぎわいが生まれています。

4．最後に〜地域づくりと関係人口

　移住・定住推進の目的は、「農村に住む人」を増やすことです。農村の人口は減少を続けていますが、これまでの取組みにより、多様な目的を持った都市住民が農村に移り住んでおり、農林業の新しい担い手や子育て世代の移住、地域における創業などにより、にぎわいが生まれています。また、移住者の中には農村コミュニティの一員として、地元住民と一緒に地域づくりに取り組む者もいます。このような農村内部における新しい活力とともに、最近では、農村外部の「関係人口」から向けられるまなざしも増えてきました。関係人口は、地域づくりのサポーターとして注目されています。

　関係人口の農村へのかかわりは、さまざまに広がっています。地域の活動をサポートする地域おこし協力隊をはじめ、定期的に繁忙期の農家を訪れて労働力を提供し、寝食の提供を受ける都市住民、ワーケーションの一環で収穫作業を手伝う企業社員、棚田の再生や高齢農家の手伝い、地域の課題解決に取り組む学生のフィールドワークや農村ワーキングホリデーなどがあります。このような都市住民の援農活動や交流の受入れは、労働力の提供による農業振興効果だけでなく、住民の誇りの回復や地域の活性化につながると評価されています。また自治体へのふるさと納税や地域づくり事業へのクラウドファンディングなど、資金面で地域と関係をもつ関係人口もみられます。

　農村では過疎化が進み、農業地域の人口は全体の2割以下に減少しています。過疎法に謳われたとおり、農村は多面的な機能を有し、我々の生活に豊かさと潤いを与えて国土の多様性を支える重要な地域です。このような農村を維持していくため、多くの地域が、外部の人材を農村に内部化する移住・定住推進や外部の人材と連携・協働する関係人口の創出に取り組み、地方創生を図っています。最近では、農村に向けられるまなざしが、若い世代にも

みられるようになってきましたが、まだ多くはありません。農村への国民的な関心を高めるもう一段上の枠組みづくりが求められます。

1）日本創生会議の「消滅可能性都市」の発表に対峙し、田園回帰が提唱されました。小田切（2021）は、田園回帰は大都市や地方都市、農山漁村がそれぞれの違いを活かして共生関係を構築し、支え合うことが前提であると述べています。
2）都市住民の農村等への移住願望は20歳代以下が37.3％（全体26.6％）、また移住後の生活への期待は「自然を感じられること」が87.8％（同76.8％）、「都市地域とは異なる環境での子育て」が36.6％（同18.8％）、さらに、移住する場合の形態は「都市地域から農山漁村に生活の拠点を移す定住」が26.8％（同30.4％）、「都市地域と農山漁村の両方に生活拠点を持つ二地域居住」が65.9％（同58.3％）。
3）「地域おこし協力隊に関する調査研究報告書」（一社）移住・交流推進機構,2024年2月
4）「過疎地域の現状と対策」自治省過疎対策管理官室,1972年、p.265, 326
5）阪井（2024）

参考文献

小田切徳美『農村政策の変貌　その軌跡と新たな構想』農山漁村文化協会，2021年

原和男「移住者は地域の担い手になり得るか―色川への初期移住者の目から」小田切・筒井編著『田園回帰の過去・現在・未来　移住者と創る新しい農山村』農山漁村文化協会，2021年

阪井加寿子『都市農村交流事業による地域づくり　農村における中間支援機能に注目して』筑波書房，2021年

阪井加寿子・藤田武弘「農山村における移住者の創業の現状とその可能性―和歌山県紀美野町における実態調査から―」『農業市場研究』33-2，pp.15-23, 2024年6月受理

用語解説

○田園回帰
　都市部から過疎化する農村地域へ移住・定住しようとする人の動きが活発化している現象
○関係人口
　移住した「定住人口」でもなく、観光に来た「交流人口」でもない、地域と多

様に関わりをもつ地域外の人々
○地方創生
　地方の人口減少や経済後退が進むなか、それぞれの特性を活かして持続可能な地域社会を創ろうとする一連の政策。当初、東京一極集中の是正が謳われた。
○過疎地域
　人口が大幅に減少したため地域社会における活力が低下し、生産機能や生活環境が他の地域に比較して低位にある地域。市町村ごとに地域指定される。
○ワーケーション
　Work（労働）とVacation（休暇）を組み合わせた造語。観光地など非日常の土地でテレワークを活用し、働きながら休暇をとる過ごし方。創造性や生産性の向上が期待される。

第9章

地域づくりと若者・よそ者

図司 直也（法政大学）

はじめに

　農村の主要な産業である農業は、家業として先祖代々、その担い手が継承されてきました。そして、その家々が生業や生活上の必要性から集落を形作り、暮らしが営まれてきました。しかし、このような農村社会も高度経済成長期以降、大きく変容し、今日では、人口減少や地域住民の高齢化に直面しています。その中で、2000年代に入って、農村の現場で、地域外から関わりをもつ「よそ者」や若い世代の活躍が目立っています。本章では、「地域づくりと若者・よそ者」と題して、変化に揺らぐ農村社会を捉えた上で、農村の現場が若者たちとともに、どのように再生に向けた地域づくりを展開しているのか、そのプロセスを追ってみたいと思います。

1．変化に揺らぐ農村社会の今

　「農村」を辞書で引いてみると、「住民の大部分が農業を生業としている村落」（デジタル大辞泉）と表記されています。農村の風景として、田んぼや畑、その背後に森や山々が連なる様子を思い浮かべる人は多いでしょう。しかし、今日の農村社会は、大局的には都市化の流れを受けて、以下の3つのキーワードからその変化が捉えられています（日本村落社会研究学会編：2007）。

　ひとつ目は、「過疎化」です。高度経済成長期以降、農村は、人口が著しく減少しました（小田切：2009）。まず、工業化が急速に進む都市部に向けて、若年層を中心に人口が流出する「人の空洞化」が進みました。ただ、長

男が家を継ぐ規範のもとで、祖父母が元気なうちは、田んぼや畑、山など家が所有する財産は維持されていました。しかし、その世代が高齢となり農作業からリタイヤし、家を継ぐ長男も他出してしまうと、農地が耕作放棄され、山の木々にも手入れがされない「土地の空洞化」が進んでしまいました。

　それでも、農村集落の役割まで急速に失われる訳ではありません。例えば、ある地域の秋祭りでは、神輿の担ぎ手が高齢になり体力的に厳しくなっても、神輿をトラックに載せて辻々を巡り、氏神様をお迎えして豊作に感謝する機会を何とか残そうと、工夫しながら継続を模索する場面も見られます。しかし、集落機能が脆弱化する「ムラの空洞化」はじわじわ進むところがあり、早いうちに手を打つ必要があります。

　その時、気に留める必要があるのが「誇りの空洞化」、つまり、そこに暮らしている人たちの地域に対する気持ちや愛着のあり様です。先の祭事の例も、集落で先祖代々から受け継いだ大事なものは残したい、という気持ちが行事を続ける支えになっています。人や土地の空洞化は目に見える形で進んでしまいますが、そこに暮らす人たちの地域へのまなざしまで失われているのか、集落対策を考える上でも、まずは人々の日常や想いを丁寧に聞き取る必要があります。

　キーワードの2つ目、3つ目は、「兼業化」と「混住化」です。兼業化は、農業を生業の主軸にした際に、農産物の収益水準や規模の面から農業単体では収入を十分に得られず、他の仕事にも従事する動きです。農外就業が深まれば、働き先を集落の外に求めることになり、平日は朝早くに車で集落を出て、夜に戻ってくるように、そこに暮らす人たちの流動性も高まっています。今日では、過疎地域の学校も統廃合が進み、子どもたちもスクールバスで集落外に通学するケースがあり、そうなれば、平日の日中の集落には、高齢世代の姿しか見えません。

　さらに、住民のライフステージの動きを捉えれば、農村は様々な人たちが住み着く「混住化」の時代を迎えています。高齢になった昭和一ケタ生まれの世代や、高校を卒業するまでの子どもたちは、生まれた集落に暮らし続け

ているケースが大半です。一方で、現役世代には、集落外での暮らしを経験した人たちの割合が高くなっています。団塊世代の男性が、一度、都市部に他出した後、長男として親の面倒を見るために戻ってくるケースや、近年では若いうちに、前向きな気持ちで故郷にUターンするケースも見られます。女性の場合は、出身者は婚姻で集落を離れることが多いですが、その代わりに、お嫁さんとして外から集落に入ってくる動きがあります。その点で、農村には前々からよそ者を迎え入れてきた蓄積もあるのです。こうして今日の農村は、移動性が高い社会に転じていることが分かります。

　このような農村の現状からすれば、ともすると農村は土着性が強いというイメージを持たれがちですが、実際は、農村に住んでいても農業との関わりが薄くなり、「むらの農離れ」とも表現し得る状況です。それ故に、地域住民にとっては、周囲に広がる田んぼや畑、里山に関わる機会が少なくなり、なぜそれを大事にすべきなのか、農村の地域資源の価値や作業の必要性に理解が及びにくくなっているのです。

　また、兼業化や混住化が進み、車で広範囲に移動する日常では、ご近所さんでも、お互いが普段何をしているのか、どんなことを考えているのか、その具体的な姿が見えにくくなっています。さらに農村の暮らしを取り巻く生活圏や経済圏は広がりを見せ、この間のウクライナ情勢などに起因して、グローバル規模での資材や石油の高騰が、地方の隅々にまで影響を及ぼすようになっています。この場所に住み続けて、そのバトンを次世代にもつなぐことは容易ではなく、誇りの空洞化もまさにそこに起因するものと言えます。

　そうだとすれば、農村の地域づくりを考える上で、次の3点を意識する必要がありそうです。一つ目は、地域の価値の取り戻し方です。里山に囲まれた様々な資源を活かして、今の時代に合うようななりわいに仕立て、そこから稼ぎを得る道筋をどのように整えていけばよいでしょうか。二つ目は、人口の少なさよりも、人材の可能性を探る視点です。兼業化が進む今日の農村には、勤め先で様々なスキルや技術を持って仕事に携わる人もいるでしょう。集落でもそれを活かした出番があれば、少ない人口でも多様な人材を活かし

た取り組みができるかもしれません。そうだとすれば、その存在をあぶり出す作業が必要になりそうです。そして、三つ目は、暮らしに対する前向きな機運の醸成です。そこに住む意味をもう一度刻み直し、ここでの暮らしも悪くないかも、とお互いに実感できることが、地域に目を向ける次世代を育むことにも繋がりそうです。

2．注目され始めた農村に向かう若者たち

　このように縮小均衡状態にある農村において、2000年代後半あたりから新たな兆しが見られています。それは、農村に向かう若者たちの存在です。それ以前は、地方に向かう動きは田舎暮らしを求める高齢世代が中心で、定年退職を機にUターンする流れが想定されていました。とりわけ、団塊世代の大量退職は「2007年問題」と称され、その地方移住を促すべく、2002年にNPO法人ふるさと回帰支援センターが設立されたのは象徴的な動きでした。しかし実際は、定年延長や再雇用により団塊世代の地方回帰のうねりは大きくなりませんでした。他方で、バブル経済が崩壊し平成不況期に入ると、働き方や生き方の価値観がゆらぎ、居場所探しや仕事おこしの観点から農村をフロンティアと捉える若者たちの姿が目立つようになりました。

　折しも、農村各地で展開していた都市農村交流も、1990年代に立ち上がったグリーン・ツーリズム施策の中では体験事業に矮小化される傾向にありました。それでも、各地で地道な活動を続けてきた棚田オーナー制度や里山保全活動には、積極的に関わる都市住民、とりわけ若い世代の姿も目に付くようになっています。地元住民だけでは、生業を通した二次的自然の維持が困難となってきたところに、都市住民がサポートする立場で加わり、両者が対等な目線で関わるように、都市農村交流は質の深まりを見せています。

　このような形で、農村に関わりを持つようになった若者たちに、平仮名で「なりわいづくり」と表現し得る新たな動きを見出すことができます。それは、「生活の糧としての仕事」、「自己実現としてのライフスタイル」、そして「地域からの学びと貢献としての地域とのつながり」の3つの要素から成る

第Ⅲ部　地域づくりをめぐる新たな潮流

もので、自分自身の問題に加えて、地域の問題にも関心が寄せられています（筒井・尾原：2018）。

3．農村再生のプロセス

　このような若者の田園回帰から生まれるなりわいづくり、また、彼らと地域住民との間に生まれてきた「共感の相互交換」からどのような農村再生のプロセスが描き出せるでしょうか。筆者は、農業経済学の生源寺眞一氏による日本の土地利用型農業における二階建ての構造を援用して整理しました（図司：2022）。

　本章の冒頭で示した「農村」の辞書の意味が示しているように、もともと、農村は、上層となる経済・ビジネスの部分と、基層となる暮らし・コミュニティという地域社会の部分、言い換えれば、農業生産をしてモノを売る部分と、それを水路掃除や農道の草刈りなど農業生産に伴う共同作業や、祭礼をはじめ地域社会として支える部分が、一体となって持続してきました。つまり、暮らし、コミュニティの下地がなければ、農業での稼ぎも成り立たないというのが元々の姿でした。それが前述したように、過疎化が進んで人口が流出し、さらに混住化により農村に暮らす人々も多様化することで、基層の部分も小さく、また不安定になり、上層も農業に従事する担い手の減少で縮小傾向にあります。

　そうだとすれば、農村が目指す地域づくりのイメージは、基層の地域社会の部分を整え直すとともに、上層の経済の部分もバランス良く基層の上に再構築し、全体のサイズも大きくしていく、図が示すような方向になるでしょう。

　最初の段階（再生プロセス①）として、都市農村交流や移住を通して、若者たちが外部から農村に足を踏み入れることで、日常が粛々と営まれ縮小均衡状態にあった地域社会では、彼らをどのように迎え入れるか相談や段取りの必要が生じ、また、彼らが住民とも様々な関わりを持ち始め、新たな動きや話題が生まれます。それは、地域の停滞していた雰囲気を変えるだけでな

第9章　地域づくりと若者・よそ者

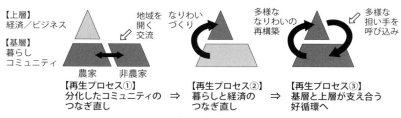

図　農村社会の再生プロセス
出典：図司（2022：p.159）

く、地域住民が顔を合わせて、話し合う機会を生み、お互いの繋がりを取り戻す機会にもなります。このような動きは、脆弱化していた基層部分への手当てにもなり得るものです。

　次の局面（再生プロセス②）では、著者たちは、代々継がれてきた技や文化、知恵も残っているこの場所で、お世話になった人たちとともに自分には何ができるのか考え始め、工夫しながら、なりわいの下地を作り始めます。これはまさに暮らしやコミュニティに根付いた仕事づくりであり、当たり前に営まれてきた農の営みを彼らの感性を活かして新たな形で体現しようとする、まさに基層から上層に繋がる展開です。

　そして（再生プロセス③）地元住民と移住者とが一緒になって、老若男女が一緒に過ごす地域の様子が、SNSなどを通して外部にも伝わると、そこに関心を寄せる若者たちが足を運び、新たな交流を呼び込んでいます。また、お盆などに地元に帰ってきた出身者がにぎやかな故郷の様子を見て、帰ってきてもいいかな、と関わりを強める場面もあります。このようにして、外側から多様な担い手をさらに呼び込み、基層と上層を少しずつ固めて、大きくしていく好循環が各地で生まれています。

4．U・Iターン者が子どもたちに投げかける学びの場づくり
　　―青森・南部町の動き

　こうして農村に移住した若者たちは、その地に暮らしてきた高齢世代からバトンを受け継ぎ、なりわいづくりを形にしています。特に30・40歳代は、

第Ⅲ部　地域づくりをめぐる新たな潮流

農村で家族を作り、子どもを育てる立場となり、そのまなざしは次世代に向き始めているようです。ここでは、青森県南部町のUターン者、Iターン者の動きに着目してみます。

(1) いつか帰ってきたくなる "ふるさと" づくりを目指す根市大樹さん

　南部町で生まれ育った根市さんは、大学進学で関西に出た後、青森のデーリー東北新聞社に勤務し、新聞記者として農業や地域社会を取材していました。その中で、現場の様々な課題に向き合ううちに、自分の故郷である南部町や根市家でも同じ課題を抱えていることに気づき、自分ごととして現場で動かす側の人間になりたいと思い始めます。そこで、新聞社を退職し、農業を学ぶためにオーストラリアやアメリカで働いて、南部町にUターンしました。戻ってきてほどなく東日本大震災に直面したことで、農業の営みや農家の立場での限界も感じ、当時、南部町が取り組んでいたグリーン・ツーリズムの「達者村」の取り組みに関わるようになります。

　現在の南部町は、2006年に3町が合併して生まれましたが、グリーン・ツーリズムの源流は、合併前の旧名川町で生産が盛んだった「さくらんぼ狩り」のイベントにさかのぼります。そこから農産物直売所のオープンや農産加工品の開発販売、そして農家民泊による農業体験修学旅行の受入へ、と都市農村交流が多角的に展開します。その動きを青森県も支援する形で、2005年に「達者村」という看板が掲げられ、合併後は現在の南部町全域で、地域資源を活用して、「元気＝達者」な人が住み、訪れた人も達者になれるような地域づくりを目指して、交流活動を広げてきました。

　その南部町におけるグリーン・ツーリズムも、行政サイドは産業振興を意図しながらも、担い手農家は高齢となり、生きがいや郷土への愛着を優先したい思いがあり、両者の描く方向性が混乱していました。そこで南部町が地元の根市さんが、農家の人たちからやりたいことを聞き出したところ、自分の子どもに農業の面白さを伝えてこなかった反省もあって、「子どもたちに農業のこと、農家のことを伝えたい」「外国人を泊めてみたい」という声を

拾いました。そこで、根市さんは新聞記者の経験を活かして、関係者の間をつなぎながら、JICAなどの農業研修の滞在を通して海外のお客さんを呼び込んだり、地域の農業教育として、町内や八戸市の小中学校に声掛けしました。このような一連の動きから、グリーン・ツーリズムの企画運営、農業の６次産業化、まちづくりを担う団体として2012年にNPO法人青森なんぶの達者村を立ち上げ、2018年まで事務局長として関わり、活動のキーワードである「いつか帰ってきたくなるような"ふるさと"づくり」を実践していきました。

　そして事務局にも若手の人材が育ってきたところで、根市さんは、2016年に合同会社南部どきを起業します。当初は、廃棄される果樹の剪定枝を活用した燻製づくりの６次産業化に取り組み、古い倉庫の１階をその工場にしていましたが、「みんなが集まる場所があれば」との声に、２階の会議室を開放し、次第に、コーヒーが飲みたい、冷房が欲しい、などの声を聞いてカフェに設えました。

　また「南部どき」の社会貢献部門として、カフェスペースで体験型の学び舎「学びどき」も立ち上げ、2020年には学びどきも法人化しました。根市さんにも子どもが生まれ、将来、彼らが20・30代の時に、どういう社会になっても、生き抜く力を残してやりたい。また地域や社会が縮小していく時代に、将来、自分なりに南部町を好き、嫌いと言えるように選択肢を持っておくことが大事で、様々な大人たちと交流しながら、南部町への郷土愛が育てばそれでよいし、嫌いなら視野を広げて出ていきたい場所を探し出せばよい。そのような学びにつなぎたい想いがありました。

　そこで学びどきでは、学校の宿題や苦手教科を中心に自学をサポートしたり、「どきタイム」で子どもたちが地域や社会を知る体験プログラムを実施して、ひとりひとりが、好きなことや不思議に思ったこと、地域の課題と向き合って頭を働かせる時間を大事にしています。毎日、小学生や中学生が10人前後入れ替わりで、町内や三戸、八戸エリアからやってきて、友達やスタッフと過ごしています。

第Ⅲ部　地域づくりをめぐる新たな潮流

　子どもたちには、1人1冊のファイルがあり、その日の過ごし方の計画を書き込んで、帰る前に、その日したことや感じたこと、次にしたいことを書き残します。こうしてインプットとアウトプットの作業を繰り返すことで、子どもたちの表現力や読解力を育むことを意識していると、1人1人の興味関心や変化、次に挑戦したいことも伝わってきたそうです。

　また「どきタイム」には、町内外の各方面からこれまで200人近い大人に先生として関わってもらっています。大学生の虫博士による虫捕りや、自分の感性を生み出せるクッキング、アートのプログラムに人気があり、先生の最高齢である町内の104歳の方からは、折り紙を教えてもらったり、お話をしてもらいます。その時も、子どもたちは、お年寄りの耳元で話しかけることに気が付いたり、昔の戦争の話に想像力を働かせて理解する姿を見せています。

　根市さんにとってこの場を作る転機になった場面が2つあったといいます。1つ目は、町内の高校3年の女子学生が大学に進学する際に、「南部町に戻ってくる予定はない」と話していたことです。彼女にとって、小学生の時は学校や学童と家との往復、中学では学校や部活と家との往復、そして高校では八戸への通学で、駅までは両親の車での送迎の往復だったといいます。そうであれば、地域と関わるような記憶も薄れ、町に対して特に思い入れも持てない感覚に対して、根市さんは由々しい問題だと気づいたそうです。

　2つ目は、近所の子どもたちが、雨の日に町の公民館のひさしの下でカードゲームや縄跳びをして遊んでいた光景です。公民館は予約を入れないと使えず、子どもたちにいつでも開いた居場所がないことに疑問が湧いたそうです。

　このような活動に対して、親御さんも、子どもたちが家で見せない表情や行動を見せるようになった変化を感じてもらって、根市さんは、子どもたちの世代がこの場所に思いを持ってくれるよう、また、どのような世界でも暮らしていけるような人材を育てていく必要性を改めて感じています。そして、自分が活動する理念や想いを言語化して伝え、編集者としてもまちをデザイ

ンしていきたいと考えています。

(2) 農家に嫁ぎ、まず自分から地域に向き合い始めた田中綾乃さん

　田中さんは、2019年に夫の地元である南部町にIターンしました。二人は学生時代に知り合い、結婚。夫は鳥取県内で小売業の営業職を経験した後、リンゴ農家の長男でもあり、農業を継ごうと南部町にUターンを決め、綾乃さんは、2人の子どもとともにIターンしました。

　関西出身の綾乃さんは、南部町は夫の地元だから暮らし始めた場所だった、と振り返ります。家が集落から少し離れていることもあり、綾乃さんのつきあいは、幼稚園での親同士の関わりに限られ、子どもたちも、友達の家が遠くて遊びに行けず、人間関係が思うように広がらない悩みがありました。それでも、南部町に移り住んで生まれた3人目の子どもも含めて、子どもたちには自分の地元を大好きで暮らして欲しい。そうなるためには、「まずは自分が背中を見せることから。ここで生きていくには、この場所を好きになるぞ」と考えるようになりました。

　南部町に引っ越してから、家族で散歩する機会が増えると、気づくことが多くありました。次第に見えてきたのは、南部町には、資源や魅力などまちのポテンシャルはあるのに、地域の人たちは自分の考えは持っているけれども、二番手、三番手なら動くように腰が重い雰囲気でした。その様子を綾乃さんはじれったく思ったそうですが、次第に、この町で生きてきた人たちに愛着が湧いてきた、と言います。町には、面白い農家や職人気質の人などもいて、距離感が近くなると話もできて楽しいし、子どもにいろいろな経験もさせてもらえそう。そうであれば、自分がまずは動いてみて、どんな人が価値を感じてくれるか、どのような交わりができるか、やってみようと思うようになりました。

　そして、2022年秋に「ごちゃまぜひろば」を始めています。初回は、新しくなった町役場前にできた芝生広場で、お絵描きや工作をしたり、軽食を販売して、おしゃべりして過ごせるような場づくりを試みました。綾乃さんも

夫や子どもたちと出店していると、周囲の常連さんから、次は自分もお店をやってみたい、と声をかけてもらえるフェースになってきたそうです。近々、美術館と連携しながら、県外のアーティストにも関わってもらう企画も進んでいます。

　綾乃さん自身は、学生時代にアートを通じた地域活性化を学んできたこともあって、本命はそこを狙いつつ、地域の人たちに、子どもの遊び場は受け入れられやすく、前に暮らしていた鳥取県でも、占い屋台や似顔絵描きなどに子どもたちがチャレンジしていたので、「ごちゃまぜ」の場をアレンジしながら、南部町で展開しやすいことを、と考えています。そして、「個人的に始めていることなので、子どもがひろばで楽しく遊べることで満たされているし、関わりたくない人はそのままに」と綾乃さんのペースで進めています。今では、町の中に知り合いも増えて、また、自分が南部町に愛着が湧いてきたことで、それが子どもたちにも伝わってきたかな、と実感を語ってくれました。

5．都市農村対流時代の到来と足元を学ぶ場づくりの大事さ

　本章の冒頭で、農村社会の変化を捉えましたが、今日の農村は移動性の高い社会に転じています。とりわけ、現役世代では、何らかの他地域での経験を持つ流動層の割合が増えつつあり、根市さんのように地元に戻ってきたUターン者や、綾乃さんのように、よそで生まれて結婚で転入した婚入者に加えて、近年では農村に向かう若者たちやファミリー層をはじめとするIターン者の姿も見られます[1]。

　このような若者の農山村回帰を通して、過疎農山村での暮らしを自ら選び取る人たちの存在が注目され、その選択の構造に着目する「農山村生活選択」に関する研究の必要性も提起されています。その動機を分析する山本（2024）では、Uターン者の「内からの要因」と「外からの要因」に着目します。「内からの要因」が、帰りたい（Uターンしたい）、帰ってもいい（Uターンしてもいい）という願望の動機に拠るのに対して、「外からの要因」

は、家の規範やその他の外部的諸事情に規定されて帰らなければならない、帰らざるを得ないという義務や拘束の動機を指します。これまでは、外からの要因の方がやや大きく、内からの要因も決して小さくなかったと言います。それが近年では、土地や家を守るためといった家継承の動機は相対的に小さくなって、故郷の方が生きがいが感じられる、昔からの有人や知人がいる、といった願望の動機の方が大きくなっていると指摘しています。事例で取り上げた根市さんも、青森の新聞社に勤務を決めたきっかけとして、ちょうど祖父が亡くなって青森に帰る思いが湧き上がったから、と語っていて、内からの要因がやや大きく作用している印象を受けます[2]。

それに対して、婚入者の場合、特に女性にとっては結婚後の居住地が異郷となります。秋津（2007）は、農村家族には、家屋や農地、山林など継承するべき財産があり、その継承ラインが男性中心に作られていることから、結婚後は夫方居住となり、その土地に愛着のないIターン者となることを指摘しています。また、女性の場合は、男性が担う地域資源管理から疎外されて、場所と直接つながるような権限を与えられていないこともあり、公民館利用のような自発的な人びとのつながりを通して、生活する場所の意味を形成していくのではないか、そこから地域への愛着も生まれるのではないか、と述べています。まさに、本章で取り上げた田中さんの南部町での動きとも重なり合います。

2024年4月に人口戦略会議が「消滅可能性自治体」を巡る推計を発表し、子供を産む中心世代である20・30歳代の女性人口の動向から人口減少対策が急務であることを提起しました。しかし、本章で見てきたように、都市と地方との人の流れは、これまでのように地方から都市に向けて若者世代が一方的に流出する局面から、農村を目指す逆の流れも生まれており、都市と農村のイイトコドリをしながら両者の間で流動性が高まる時代、いわば都市農村対流時代に向けた兆しが感じられます。そうだとすれば、人口対策の本質は、先の「農山村生活選択論」に照らせば、20・30代の女性に限らず、根市さんが学びどきを志した女子高生の言葉が象徴するように、健康で幸せな暮らし

第Ⅲ部　地域づくりをめぐる新たな潮流

が送れるような、まさにウェルビーイングを実現できる場として、地方や農村を選択できる環境を生み出せるか、まさに地域づくりとしての要素が大事になることが分かります。

　秋津（2007）は、農村ジェンダーを巡る事例分析を通して、農村における地域資源管理が場所への愛着に支えられ、そのためには場所との身体的で直接のつながりを経験する必要性を明らかにしています。第1節の最後で捉えた農村が直面する課題からすれば、地域資源への関わりは、男女間だけでなく、世代間でもより希薄になっています。

　秋津（2007）は併せて、「地域資源の管理者として使命や義務も含めたエンパワーメントを果たすには、場所と直接つながるような体験を積み重ねて、場所への愛着による下支えが必要」と述べています。まさに、農村の地域資源や地域社会を次世代につないでいく上で、場所と直接つながるような体験が大事であり、南部町における根市さん、田中さんの取り組みは、Uターン、婚入でのIターンと立場は違えども、南部町を故郷に持つ子どもたちに向けたまなざしから、地域を学ぶ場づくりを意識したものと言えるでしょう。

　このような動きは、農村発イノベーションが生まれる現場とも重なり合うところがあります。筆者は、農村発イノベーションの本質を、生産の場と生活の場が一体となった二次的自然の農村で、その価値を地域内外の主体や世代が混ざり合って地域全体で継承し、積み重ねていくプロセスと捉えました。拙稿で取り上げた秋田県五城目町では、「世界で一番こどもが育つ町」を目指し、まちを憂い、将来を想う仲間が集まる場から、土着ベンチャーが立ち上がり、その挑戦は、地元小学校の建て替えに向けた住民参加型ワークショップの展開や教育留学の支援など、地域ぐるみで学びの構造を変えていく挑戦に繋がっています。また、住民自治の動きが活発な島根県雲南市でも、いわゆる地域運営組織（現地では地域自主組織と呼称）の活動を大人チャレンジと位置づけ、これからの社会を生き抜く力を身に着ける子どもチャレンジから、若者、企業まで、4つのチャレンジを連鎖させ、10年後も、20年後も市民みんなで支え合い、いきいきと暮らせる魅力あるまちづくりに挑戦し

ています。

　2021年に制定された新しい過疎法（「過疎地域の持続的発展の支援に関する特別措置法」）では、過疎地域を単なる人口減少地域として捉えるのではなく、そこでの人材育成の重要性を打ち出しました。国の過疎問題懇談会の座長を長年務めてきた宮口（2018）は、自然を扱う巧みなワザ（人間論的価値）や、集落という地域社会で支え合うしくみ（社会論的価値）を、次世代が新たな機動力を上乗せして継承することで、豊かな先進的な少数社会への道が開けると主張しています。新たな過疎法で掲げられた人材育成は、まさにこの役割を担う次世代の育成であり、南部町をはじめ、若者の農山村回帰の風を受け入れる農村では、そこで育つ次世代に向けて、公教育だけでなく、地域住民も関わる新たな形で学びの場づくりを意識し始めています。

注
1) 山本（2024）では、北広島町（2006年実施）や中津江村（1996年）での実態調査では、Uターンが20〜30数％、結婚での転入も25％前後、さらに北広島町での調査ではIターンも4.2％いる状況が示されています。
2) 青森県移住・交流ポータルサイト「あおもり暮らし」：移住者メッセージ「祖父の死が転機となりUターン　地域資源を生かして多彩な活動を展開」根市大樹さん
　https://www.aomori-life.jp/interview/message_ijyu/post_32.html、2024/6/10最終確認

参考文献
秋津元輝「地域への愛着・地域からの疎外　農村女性起業に働く女性たち」秋津元輝・藤井和佐・澁谷美紀・大石和男・柏尾珠紀『農村ジェンダー　女性と地域への新しいまなざし』昭和堂，2007年
小田切徳美『農山村再生「限界集落」問題を超えて』岩波書店，2009年
図司直也「新しい再生プロセスをつくる」小田切徳美編『新しい地域をつくる』岩波書店，2022年
図司直也『「農村発イノベーション」を現場から読み解く』筑波書房，2023年
筒井一伸・尾原浩子『移住者による継業　農山村をつなぐバトンリレー』筑波書房，2018年
日本村落研究学会編『むらの社会を研究する　フィールドの発想』農文協，2007年

第Ⅲ部　地域づくりをめぐる新たな潮流

宮口侗廸「あらためて過疎地域を考える」(町村週報：第3078号 (2018年4月))
山本努編『改訂版　地域社会学入門』学文社，2024年

用語解説
○集落機能
　本章の冒頭でも示したように「いえ」連合である集落は、一般的に、農業生産面での相互補完、生活面での相互扶助、地域資源の維持管理といった機能を有している。
○棚田オーナー制度
　都市住民や非農家が会費を払って、棚田の決められた区画を割り当てられ、地元農家と交流を持ち、自らも農作業に関わりながら棚田を保全する仕組み。その区画で穫れたお米はオーナーのものになる。
○二次的自然
　里地里山を構成する水田やため池、雑木林のように、人間の活動によって創出されたり、人が手を加えることで管理・維持されてきた自然環境。放棄されると遷移が進み、景観や多様な生き物の生息環境が失われてしまう。
○教育留学
　親元を離れ、それまで居住していた地域から自然豊かな農山漁村や地方の学校へ進学する進路選択。小中学生を対象とした山村留学や二地域居住に合わせたデュアルスクール、遠隔地の公立高校へ進学する地域みらい留学など、地域に学ぶ多彩な機会が生まれている。
○地域運営組織
　農用地保全や地域資源を活かした経済活動、生活支援などの地域コミュニティの維持につながる取組を広域で展開し、脆弱化する集落機能を補完する組織。地域の課題を解決し、地域の未来を切り拓こうとする若者や女性など多様な主体が参加し、地域の活気を生み出している。

〈コラム9〉

上秋津での学びと私

稲葉 修武（農研機構・東北農業研究センター）

　和歌山大学観光学部大学在籍時（2014年）の「地域づくり戦略論」から就職後（2020年）の「地域づくりの理論と実践」まで、計7回受講させていただきました。本コラムの執筆にあたり、過去の受講資料やリアクションペー

パーを見返してみましたが、受講当時とはかなり違う気づきが得られたと感じています。例えば、上秋津の地域づくりの事例では、直売所の設置や農産物加工などの取り組み内容自体は学生のときから記憶していました。しかし、今見返すと、上記の取り組みの過程で地域住民と合意形成することや他業種との連携を図ることの難しさが、自分事として想像でき、改めて驚嘆しました。こうした現場での実践の話を聞く機会は本当に貴重であり、学びなおしが必要であると感じています。

現在、私は農業・食品産業技術総合研究機構東北農業研究センターに研究員として勤務しております。社会科学研究分野の者として、自然科学研究分野（栽培・育種・病虫害・機械など）の研究員と連携して、農業技術の開発や社会実装をすることが大きな仕事となっています。特に、水田農業地帯である東北地域においては、近年の米の需要量減少や米価の低下を受けて、園芸作物の導入が一つの課題となっており、新しい園芸作物・作型の開発・社会実装に携わっております。

この中で上秋津での学びを経て重視していることは、現場視点で生産者や他の研究者とコミュニケーションをとることです。上秋津での講義では、現場での問題点やそれの解消に向けた実践の事例について学び、また、講義以降の意見交換の場では、地域づくりに取り組まれる方々が感じておられる難しさややりがい等のリアルな意見を聞くことが出来ました。この経験から、社会科学分野の研究員として、文献やインターネットから得られるデータだけを頼りにするのではなく、現場に足しげく出てコミュニケーションを取り、現状や課題を理解することが重要だということを感じました。加えて、仕事・研究を通じて、現場に貢献したいという思いが強くなりました。

これを踏まえて現在の仕事をするうえで具体的に心がけていることは、頻繁に生産者とコミュニケーションを取ること、生産者の視点で他の研究員と意見交換すること、他の研究員を巻き込んで現場に行くことです。開発した農業技術を現場に実装していくにあたっては、研究所内での試験段階では想定されていなかった新たな問題が現場で発生し、期待される効果が得られないことも少なくありません。天候不順によって適期作業が大幅に遅れることや、他作目との作業競合が発生すること、取引先によって変わる出荷規格への対応など、大小さまざまな問題があることを生産者から教えていただきました。こうした問題を生産者や研究者と議論して、一昨年ごろからチームとして新たな研究課題をいくつか立案することが出来ました。まだ、調査・分析の段

階であり、成果として公表できてはいませんが、分析を深めてしっかりと現場に還元しなければならないと考えています。浅学の私に本音で現状と課題を教えてくださる生産者の方々との関係性を大事にしながら、研究を行っていきたいと考えています。

　また、今後、上秋津での学びをより生かしていくためには、私の現場への視点をより多様にする必要があると考えています。農業技術の開発・社会実装という仕事に携わっていると、現場への視点は農業生産・食料供給という機能に限定しがちになっていると感じています。一方で、将来にわたって、食料の安定供給を果たすためには、農業生産を担う人がその地域で暮らしていくことが出来ることが不可欠だと思います。交通・買い物・医療・教育といった暮らしに必要な環境が維持されるためには、一部の生産者が農業生産を維持・拡大するだけでなく、多様な経済主体の活動が維持・拡大されることが必要だと感じています。農村から人が減ることを前提とした農業技術開発だけではなく、農村に人を呼び、暮らし続けてもらうためには何が現場で求められているのかという視点でも今後研究を行っていきたいと考えています。

〈コラム10〉
上秋津での学びと私
貫田 理紗（追手門学院大学　地域創造学部）

　私は学部生から大学院生時代の約4年間にわたり、地域づくり戦略論に参加させていただきました。本書の各章執筆者からも分かるように、この講座は地域づくりに関連する多種多様な講師陣の授業を聴講できるということが大変魅力的でした。大学の普段のゼミナールで輪読していた書籍の執筆者に実際にお会いし、お話を伺うことができることも魅力的でしたし、全国各地の講師からお話を伺い、交流会もご一緒できるという、振り返るととても贅沢な連続講座でした。

　もう一つの魅力は、1日目の講義の後に開催される交流会で年代や職業など様々な人々と対話ができたことです。個人的な話ですが、私はあまり人前で話すことが得意でなく苦手意識があり、初めて地域づくり戦略論の交流会で、参加者の前で自己紹介をした時はとても緊張したことを覚えています。とくに、上秋津に集まる方々は地域づくりに情熱を注いでおられるだけでなく、個性

豊かで、話にオチをつける、話の途中に笑いを入れることが得意な方々が多かったので、いかにして面白い、つまり他人に耳を傾けてもらえる自己紹介やスピーチを行うのかといったことも毎回勉強させていただきました。人前で話すことが苦手、避けたいという意識や性格というものはそう変化するものではありませんし、4年間で私のスキルが向上したか否かは怪しいですが、地域づくりの現場で活躍されている大人の前で話をするという、学生時代の貴重な経験を積み重ねたことが自信に繋がったことは間違いないと思います。

　全国各地から登壇される講師との出会いの中で、私の人生に大きく関わる出会いがありました。島根県中山間地域研究センターの有田昭一郎氏の講義を初めて聞いたのは大学3年生の頃だったかと思います。地域づくりに関する様々なことを「見える化」し、データから地域の状況を把握する、分析するといった講義内容がとても印象に残っており、このような興味深い職業があるのかと驚いたことをよく覚えています。まさか数年後、自身が島根県中山間地域研究センターで研究業務に携わるとは当時は全く想像もしていませんでしたが、ご縁があって2018年4月から6年間、島根県中山間地域研究センター地域研究科の研究員として、地域づくりの第一線を走る島根県の地域づくりの現場に関わらせていただきました。

　そして現在、またご縁があって追手門学院大学地域創造学部の教員となりました。自分自身が地域づくり戦略論で鍛えてもらったように、今後、私が関わる学生に対してもそのような機会をできる限り提供していきたいと思います。地域づくりの現場で必要な力は種々あると思いますが、一つは年代、性別、職業等の様々な人々と対話する力が必要だと私は考えています。家族、学校、職場の人間同士においては通じる"共通言語"のようなものがあると思います。おそらく地域づくりの現場にもそういった"共通言語"が脈々と受け継がれているのではないでしょうか。島根県のとある地域に6年間通って感じたことなのですが、若い世代や、関係人口のような地域外に住む人材を掘り起こしながら地域づくりを進めるためには、"共通言語"が通じる限られた内々の関係で話を進めていくのではなく、多種多様な人材と対話をし、それぞれの立場で自分たちが暮らす地域に対してどのような思いを抱いているのか、地域の外に住む者の目にはどのように映っているのか、といったことを地域づくりの議論に取り込めるかどうかが大事だと考えます。地域づくり戦略論はまさにそういった議論が生まれる場であったと思います。

　全国各地の多くの地域で後継者がいない、若い世代の担い手がいないといっ

第Ⅲ部　地域づくりをめぐる新たな潮流

たことが言われています。人材育成というのはとても時間を要することで、とくに地域づくりに関することは経験を積み重ねることが必要であり、地域の様々な役割はすぐに引き継げるものではないということを地域づくりの現場を見て、現場でご活躍されている方々と対話する中で学びました。地域づくり学校から始まった10年間の本講座は、地域づくりに関わる人材を育成してきた講座だと思います。私自身もこの講座で鍛えてもらった一人として、広い懐で、長い目で学生の立場の私達の成長を見守り、様々な視座を与えて下さった方々に厚く御礼申し上げます。学生時代に本講座に参加したことで培った人脈を財産に、私自身も学び続けながら、次は教員の立場として地域づくりに関わる人材の育成に少しでも貢献できるよう精進したいと思います。

〈コラム11〉
上秋津での学びと私
井上 信太郎（善兵衛農園　七代目園主）

　上秋津での2年間のグリーンツーリズム研修は今の私にとって大きな経験になっています。和歌山大学観光学部を卒業後、私は地元である湯浅町の地域づくりに関わる仕事を探していました。考えていた公務員の枠も募集がなくなり路頭に迷っていたところ、拾ってもらったのが上秋津の「秋津野ガルテン」でした。いずれ家業である江戸時代から続くみかん農園を継ぐことは意識していたのですが、それよりも地域づくりに関わる仕事をしたいと思っていました。秋津野ガルテンは地域の農業を活かした地域づくりをしているグリーンツーリズムの先駆者ということもあり、2年間研修をすることにしました。

　そこから2年間、上秋津の農家で農業研修させてもらいながら、秋津野ガルテンや直売所きてらで、農村ワーキングホリデーや地域づくり戦略論の事務局、農園部、ジュース工場、お菓子工房、レストラン、柑橘をつかった企画など、様々な経験をさせていただきました。その中で深く関わらせてもらったのが、農村ワーキングホリデーと地域づくり戦略論の2つです。

　農村ワーキングホリデーの取り組みには、これまで大学生として参加し、上秋津の農園で農作業をさせてもらってきました。私のいる湯浅町は「有田みかん」の産地として有名な場所で、栽培品種は温州みかん特化型の農家が多い地域ですが、一方上秋津では年中いろんな柑橘がとれる地域で経営のス

タイルもまた違います。冬の温州みかん、春の何十種類もの柑橘類、夏の梅やバレンシアオレンジ、秋の極早生みかん、年中いろいろあるからこそできる加工や直売所の展開があります。農村ワーキングホリデーの取り組みは、もちろん人手不足を補う入口としてはきっかけで良いと思うのですが、それ以上の価値があると思います。私は事務局として参加学生と受け入れ農家のマッチングと当日の運営をしていました。受け入れされる方からは「労働力だけじゃない、来てくれて嬉しい、やりがいになっている」という言葉だったり、参加学生からは「来てよかった、次は農業だけじゃなく上秋津のイベントに参加したい！」という声が多く、実際にワーキングホリデーの良い副産物があるなと思いました。

　続いて「地域づくり戦略論」、後に紀美野町でも展開されるわけですが、研修中の２年間とその後２年間、事務局をさせていただきました。多種多様な現場の先駆者と大学の先生が講義をし、参加者は学生と周辺地域の社会人が集まる１泊２日の集中講義は毎度濃い内容で、特に初日の夜に開催される交流会は多くの人の考え方と気付きをもらえる場でした。自分の悩みをいろんな大人に聞いてもらったり、志を同じく持つ仲間に出会えたりと、事務局をしながらもとても良い経験をさせてもらいました。

　この研修期間、迎え入れてくれた故玉井会長をはじめ上秋津の皆さんは２年で湯浅に帰ってしまう私にいろんな経験をさせてくれました。今となっては自分自身が湯浅で実践していくこと、その姿を見せていくことが恩返しなのかなと思っています。

　湯浅町に帰ってきてからは、秋津野ガルテンのように「人を呼び経済効果を出す」ことをしたいと農業を生業としながら空き家を借りて若者の受け入れ拠点、県内外の大学生の農村ワーキングホリデーを今度はホスト側として行いました。農作業の現場をきっかけに「湯浅のイベントに来たい」「次は湯浅町で観光したり食事をしたい」という学生たちがでてくるようになりましたが、なかなか移住者は増えません。上秋津も秋津野塾をはじめ公民館活動を長く続けて取り組んできたことが秋津野ガルテンに結びついたということを学んだので、時間はかかるもので、またかけるものだと思うようになりました。

　その学びを胸に活動を続けてもうすぐ９年となりますが、今は10人近くの若者移住者が増え、地域おこし協力隊も２名、我々の任意団体に所属し社会教育や移住促進、関係人口の増加、空き家バンクの運営などに精力的に活動

してくれています。自分たちの地域は自分たちからつくるものだと私は上秋津で学びました。もちろん結果的には自分たちだけでなく、関わっている行政や企業、NPOなど関係団体との連携をとりながらより良い形でゆるやかに繋がり、持続的な地域づくりをしていきたいと思っています。

　地域づくり戦略論の事務局はインプットの多い経験でした。このインプットをどう行動に移していくかだと思います。研修受け入れ農家である原拓生さんが、僕に「地域に仲間を全国に同志をつくろう、そうすれば前に進んでいける」と話してくれたことがすごく濃く自分の中に残っています。自分のフィールドは地元で、でも地元には同じ志を持つ人は少ないかもしれない、でも全国に目を向ければ同じ志を持った人が必ずいる。少なくとも地域づくり戦略論では同志に出会えました。志を諦めず地域に仲間を作っていくことの気づきをもらいました。研修から9年の月日が経ちましたが、上秋津の農業研修でお世話になっていた原さん、小谷さん、栗山さん、そして保護者的な立ち位置でフォローし続けてくれた木村さん、ガルテン、直売所きてらのみなさんの顔が今でも思い浮かびます。自分の第2のふるさとは上秋津です。あの頃からどんどん進化している秋津野ガルテンを見ていると、自分はどれだけ成長できているのだろうかと思いますが、無理せず家族と仲間と歩んでいきたいと思っています。

第Ⅳ部
地域づくりと農業・農村のこれから

〈写真解説〉
○左上：新規就農者向けの剪定講習会（上秋津）
○右上：「せらにし特産品センターかめりあ」で販売されている6次産品
○左下：2025国際協同組合年のパンフレット

第10章

地域農業の新たな担い手

山本 淳子（琉球大学）

はじめに

　農業・農村の維持・発展には、それを支える人材の育成が不可欠です。そこで本節では、農業の新たな担い手として新規就農者に注目し、その動向や課題が何かを見ていくことにします。以下ではまず、統計資料を用いてわが国の農家（農業経営体）や農業労働力の動向を概観します。次に、農家の農業後継者（自営農業就農者）や雇用就農者、新規参入者といった様々な新規就農者の動向を捉えます。さらに、新規参入の一形態である「第三者継承」の実態や課題を詳しく見ていきます。

１．農家（農業経営体）と農業労働力の動向

(1) 農家数（農業経営体数）及び農業労働力数の変化

　図１は、わが国の農家数の変化を示したものです。総農家（経営耕地面積が10a以上の農業を営む世帯または農産物販売金額が年間15万円以上ある世帯）の数は、1960年には606万戸でしたが、1990年には380万戸、2020年には175万戸まで減少しました。総農家のうち販売農家（経営耕地面積30a以上または農産物販売金額が年間50万円以上の農家）も同様に減少し、1985年には331万戸でしたが、2020年には103万戸になっています。

　なお、近年の統計では、農家の「経営」としての側面に着目し、「経営体」という指標が使われています。そこで、農業経営体数の変化を確認しておきます（**図２**）。農業経営体とは、農産物の生産を行うか又は委託を受けて農作業を行い、経営耕地面積30a以上、または一定規模以上の作付（栽培）面積・飼養頭数で事業を行うものを指します。2015年及び2020年の農業経営体

第 10 章　地域農業の新たな担い手

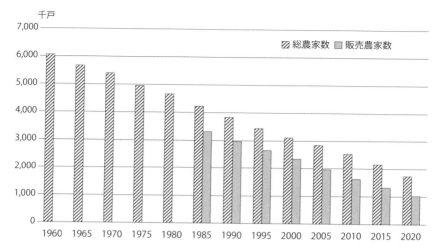

図 1　農家数の変化（全国）

資料：農林水産省「農林業センサス」より作成。

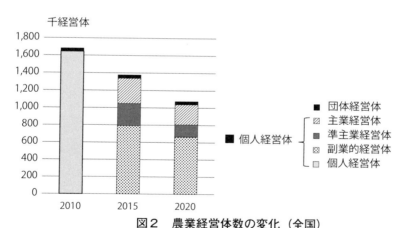

図 2　農業経営体数の変化（全国）

資料：農林水産省「農林業センサス」より作成。
注：1）「個人経営体」は個人（世帯）で事業を行う経営体（法人化して事業を行う経営体は含まない）。「団体経営体」は個人経営体以外の経営体。
　　2）「主業経営体」は65歳未満の世帯員（年60日以上自営農業に従事）がいる農業所得が主の個人経営体。「準主業経営体」は65歳未満の世帯員（同上）がいる農外所得が主の個人経営体。「副業的経営体」は65歳未満の世帯員（同上）がいない個人経営体。

第Ⅳ部　地域づくりと農業・農村のこれから

の内訳をみると、個人経営体が全農業経営体の96％を占め、その中でも特に副業的経営体が占める割合が高くなっています。また、団体経営体は全農業経営体の４％にとどまります。2010年以降、農業経営体数は減少していますが、団体経営体については微増傾向にあります。

次に、わが国の農業を支える主要な農業労働力として「基幹的農業従事者（ふだん仕事として主に自営農業に従事している者）」の動向を見ていきます（図３）。基幹的農業従事者数は1985年以降一貫して減少し、2020年には1985年の40％になっています。また、年代別では1985年に最も多かったのは50代でしたが、2020年は70才以上が47％と最も多くなっており、著しく高齢化が進んでいることがわかります。

このような農業労働力の高齢化は、若い世代の就農が少ない、すなわち農家（農業経営体）の後継者不足が進んでいることを示しています。2000年時点では、販売農家の約６割が同居農業後継者（予定者を含む）を確保していましたが、2015年には約３割に減少しています。さらに、2020年の農林水産省の調査によると[1]、60才代の農業者のうち、現在の経営を他者に引き継ぐ意向を持ち、かつ後継者が決まっている（本人の同意を得ている）のは４割にとどまります。

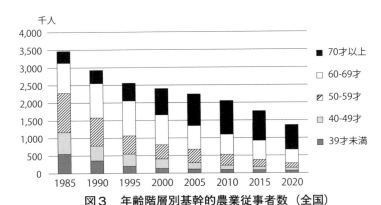

図３　年齢階層別基幹的農業従事者数（全国）

資料：農林水産省「農林業センサス」より作成。
注：2010年以前は販売農家、2015年以降は個別経営体における数値。

(2) 日本農業における構造変化

このように農家（農業経営体）や農業労働力の減少、高齢化が進む一方、近年では小規模層が大多数を占めていた農業構造にも変化が見え始めています。**表1**は、経営耕地面積や農産物販売金額の規模別に、2005年と2020年の農業営体数を比較したものです。経営耕地面積規模別では、全農業経営体に占める3ha以上の農業経営体の割合がわずかではあるものの拡大しており、特に10ha以上では経営体数自体が増加しています。同様に農産物販売金額で見ても、300万円以上の農業経営体の割合が拡大し、農業経営体数が全体では減少する中で3000万円以上の農業経営体は増加しています。

また、農地がどのような規模の経営によって利用されているのかをみると、10ha未満の農業経営体が経営する面積の割合は近年縮小しており、10ha以上の農業経営体が経営する面積が全体の42％（2010年）から55％（2020年）へと拡大しています。つまり、数の上では極めて少数派の大規模経営が、我が国の農地の半分以上を耕作するという構造になっているのです。そして、これらの大規模経営の多くは、法人化して「法人経営体」となっています。法人経営体の数は2005年には全国で1万9000千程度でしたが、年々増加し、2020年には3万を超えています。

法人経営体は1戸の農家（家族経営）を母体とするものだけでなく、複数

表1　経営耕地面積規模別および農産物販売規模別に見た農業経営体数

経営耕地面積規模別		0.3ha 未満	0.3～1	1～3	3～5	5～10	10～30	30ha 以上
実数 （千経営体）	2005年	40.3	1089.2	665.4	99.7	50.6	29.8	13.2
	2020年	35.9	512.6	338.0	68.6	48.5	36.6	18.5
構成比 （％）	2005年	2.0	54.8	33.5	5.0	2.5	1.5	0.7
	2020年	3.4	48.4	31.9	6.5	4.6	3.5	1.7
農産物販売金額規模別		50万円未満	50～100	100～300	300～500	500～1000	1000～3000	3000万円以上
実数 （千経営体）	2005年	818.8	341.5	426.9	132.5	137.9	116.5	35.4
	2020年	384.6	175.8	212.8	83.4	91.8	86.1	41.1
構成比 （％）	2005年	40.7	17.0	21.2	6.6	6.9	5.8	1.8
	2020年	35.8	16.3	19.8	7.8	8.5	8.0	3.8

資料：農林水産省「農業センサス」より作成。

の農家による共同経営、集落営農組織が発展したものなど様々な形態がありますが、いずれもその多くが従業員を雇用しています。近年ではこのような法人経営体への就職が、非農家出身者が農業に従事する主要な形態となっています。我が国においては従来から、農家の後継ぎが自家農業を継承するのが一般的で、今日でもなお農業従事者のほとんどは農家出身者です。しかし、一部の農業経営の規模拡大などが進む中で、就農の形態にも変化が見られるようになっているのです。

2．新規就農者をめぐる動向と課題

(1) 新規就農に関する政策の展開

　1992年に出された「新しい食料・農村・農村政策の方向」において、はじめて農家子弟以外の者を含めた就農の円滑化が政策課題として明示されました。以降、90年代には新たに就農を希望する青年・中高年齢者に対して資金を無利子で融資する制度（現「青年等就農資金」）が整備されるなど、新規就農の促進に関する様々な支援策が整備されていきました。2008年度からは、農業法人等が就業希望者を新たに雇用した際の研修経費の一部を助成する「農の雇用事業」（現「雇用就農資金」）が始まり、さらに2012年には、新たに経営を開始しようとする青年層に対し、就農前の研修期間や経営が不安定な就農直後の所得を補填する「青年就農給付金」制度（現「就農準備資金」及び「経営開始資金」）が開始されました。

(2) 新規就農の諸形態

　次に、あらためて新規就農の形態を確認しておきます（**図4**）。農家出身者で自家農業に就く人を「自営農業就農者」と言い、若い世代であれば親の経営で農業後継者として一定期間働き、後に経営を継承するのが一般的です。「雇用就農者」は、前述の通り農業法人等に雇われて働く人で、統計上は常雇い（年間7か月以上）の人を指します。また、「新規参入者」は土地や資金を独自に調達し、新たに農業経営を開始した人です。これら3つの形で就

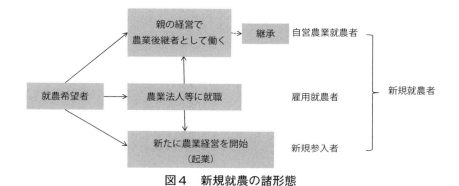

図4　新規就農の諸形態

農した人を「新規就農者」と言います。なお、自営農業就農者や新規参入者となる前に、雇用就農者として農業法人等で何年か働くケースも多くみられます。

(3) 新規就農者の動向

図5は、就農形態別に新規就農者数の推移を示したものです。年次によってばらつきはありますが、長期的にはやや減少しています。また、全年齢で見ると、新規自営農業就農者が多数を占めていますが、その割合は縮小する傾向にあります。一方、49才以下に限定すると、やはり新規自営農業就農者が中心ではあるものの、新規雇用就農者が年々増加し、2021年以降は新規雇用就農者数が新規自営農業就農者数を上回っています。このように、比較的若い世代では、農業法人等への就職が就農の主要な形態となりつつあります。これに対し、新規参入者は全年齢では年間3,000人台、49才以下では年間2,000人台で推移しており、後述するように様々な支援制度が整いつつある中でもなお、主要な就農形態とはなっていません。

(4) 自営農業就農者の特徴と課題

次に、各就農形態の特徴を詳しくみていきます。まず新規自営農業就農者については、図5に示したように年次による増減はあるものの、全体として

第Ⅳ部　地域づくりと農業・農村のこれから

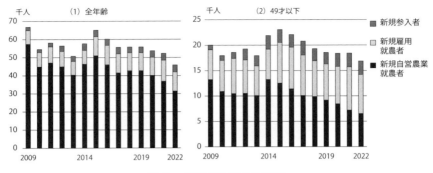

図5　新規就農者数の推移

資料：農林水産省「新規就農者調査」より作成。
注：1）「新規自営農業就農者」は、個人経営体の世帯員で、調査期日前1年間の生活の主な状態が、「学生」あるいは「他に雇われて勤務が主」から、「自営農業への従事が主」になった者である。
　　2）「新規雇用就農者」は、調査期日前1年間に新たに法人等に常雇い（年間7か月以上）として雇用されることにより、農業に従事することとなった者である。
　　3）「新規参入者」は、土地や資金を独自に調達し、調査期日前1年間に新たに農業経営を開始した経営の責任者及び共同経営者である。

減少傾向にあります。年齢別では、60才以上が半数以上を占めているのが特徴で（**表２**）、2022年には60才以上が68％、49才以下の比較的若い世代は21％にとどまっています。このような年齢構成となっているのは、若い間は他産業に従事し、自身の定年退職や親が高齢になったことをきっかけに、実家の農業を継ぐケースが多いためです。

　このように新規自営農業就農者については、その数の減少とともに若い世代の確保が課題となっています。一方、若い世代が就農すれば、それで次世代の農業の担い手が確保できたとはいえなくなっています。一般に、若い新規自営農業就農者は、数年から10数年の間、後継者として親のもとで働いた後、経営を継承することになります。前述のように農業経営の規模拡大や法人化が進んでいる今日、この経営継承（経営者の世代交代）までに、後継者の様々な能力を高めていくことが重要になっています。農業生産の技術だけでなく、雇用労働力の管理や経理などの財務面、さらにはマーケティングなど、これからの農業経営者に求められる能力は幅広く、それぞれが高度になっているからです。そのため、後継者の能力養成や経営者の世代交代にあ

第10章 地域農業の新たな担い手

表2 年齢別新規就農者数の変化

		新規自営農業就農者				新規雇用就農者				新規参入者			
		～49才	50～59才	60才～	計	～49才	50～59才	60才～	計	～49才	50～59才	60才～	計
実数 (千人)	2009	13.2	11.9	32.3	57.4	5.9	0.9	0.8	7.6	0.9	0.4	0.5	1.9
	2014	13.3	7.9	25.2	46.4	6.0	1.0	0.7	7.7	2.7	0.4	0.6	3.7
	2019	9.2	10.5	23.1	42.7	7.1	1.0	1.8	10.0	2.3	0.4	0.5	3.2
	2022	6.5	3.6	21.3	31.4	7.7	1.3	1.6	10.6	2.7	0.6	0.6	3.9
構成比 (％)	2009	23.1	20.7	56.2	100.0	77.5	11.8	10.7	100.0	50.3	22.2	27.6	100.0
	2014	28.6	17.0	54.4	100.0	78.0	12.4	9.5	100.0	72.4	10.4	17.2	100.0
	2019	21.5	24.6	53.9	100.0	71.4	10.5	18.2	100.0	70.9	12.5	16.6	100.0
	2022	20.7	11.4	67.9	100.0	72.8	12.1	15.0	100.0	68.7	15.5	15.8	100.0

資料：農林水産省「新規就農者調査」より作成。

たっては、その計画を事前に策定して実行していくことも重要です。

　水稲を中心とした経営である（有）たけもと農場では、現経営者である竹本彰吾さん（41才）が就農する前から、先代が中心になって経営継承計画を作成し、それに沿って技術習得や経営者能力の向上に取り組みました[2]。10年程度の並走期間のうち、初期には機械作業をはじめとした基本技能や経営管理の知識を身に着けることが主なねらいとされました。中期には作業段取りを任され、販路開拓（インターネット通販）を後継者主導で進めるなど、親子間の権限移譲が進みました。後期には、専務取締役としてさらに主体的に経営に関わるようになり、34才のときに社長を交代しました。竹本さんの就農時からすでに30haを超える大規模経営でしたが、それ以降も経営面積の拡大や販路開拓により、たけもと農場の売り上げは就農時の1.5倍程度に増加しました。従業員数も大幅に増え、家族労働力中心の経営から雇用型経営へと展開しています。

(5) 雇用就農者の特徴と課題

　新規雇用就農者の特徴としては、まず、2009年以降増加していることが挙げられます（表2）。また、49才以下の割合が7～8割を占めており、新規自営農業就農者とは異なる傾向といえます。

　さらに、新規雇用就農者に若い世代が多いということだけでなく、非農家出身者、とりわけ非農家出身の女性にとって主要な就農形態となっているこ

第Ⅳ部　地域づくりと農業・農村のこれから

表3　新規雇用就農者の出身（2022年）

単位：%

	男性 農家出身者	男性 非農家出身者	女性 農家出身者	女性 非農家出身者
29才以下	14.3	86.1	13.9	86.1
30-39才	3.6	95.5	6.4	94.9
40-49才	15.6	84.4	7.1	92.9
50-59才	20.7	79.3	4.3	95.7
60才以上	32.7	68.2	3.9	96.1

資料：農林水産省「新規就農者調査」より作成。

表4　新規就農者の女性割合（2022年）

単位：%

	新規自営農業就農者	新規雇用就農者	新規参入者
29才以下	21.8	29.3	13.0
30-39才	25.1	41.3	18.3
40-49才	29.5	42.4	20.9
50-59才	33.8	35.9	20.0
60才以上	27.7	32.1	18.0

資料：農林水産省「新規就農者調査」より作成。

とにも注目する必要があります。**表3**は、新規雇用就農者の出身割合を性別、年代別に見たものです。男性、女性とも非農家出身者の割合が高く、ほとんどの年代で男性では8～9割、女性では9割以上が非農家出身者です。また、新規就農者に占める女性の割合を就農形態別に比較したところ（**表4**）、新規自営農業就農者では2～3割程度、新規参入者では2割程度であるのに対し、新規雇用就農者の場合は3～4割を占めています。従来、農業に従事するのは農家の世帯員であり、その多くは男性でした。そのような中で、法人経営体等が経営の規模を拡大する中で雇用労働力の導入を進め、そのことが非農家出身者や女性の就農の機会を拡大したといえます。

ただし、新規雇用就農者の就業先となっている法人経営体の状況を見てみると、1経営体あたりの雇用者数は常雇いで平均8.3人、臨時雇用を含む全体でも平均14.3人です（2020年農林業センサスによる）。製造業では従業員

300人以下は「中小企業」、20人以下は「零細企業」となっており、この分類をそのまま用いると、法人経営体の多くは零細企業に該当します。また、近年になって従業員の雇用を増やしている法人経営体が多く、これらのことから、従業員の労働条件・就業環境の整備や人材育成の取り組みについては、経営体による違いが大きいのが現状です。中には、完全週休2日制や育児・介護休業制度、退職金制度、昇給制度などを整え、さらにミーティングや定期的な面談、役職者への登用などを通して従業員の育成を積極的に進めている法人経営体もあります。澤田（2023）では、人材育成に関する様々な取り組みが従業員の離職率を低くする傾向が示されており、従業員の定着と育成に向けた取り組みをさらに進めていくことが、雇用就農という形での農業の担い手育成にとって重要な課題であるいえます。

(6) 新規参入者の特徴と課題

　新規参入者数は2009年には年間1800人程度でしたが、青年就農給付金制度が開始された2012年以降にやや増加し、年間3,000人台で推移しています（表2）。青年就農給付金（現「就農準備資金」及び「経営開始資金」）が若い世代を対象としていることもあり（制度開始当初は概ね45才以下、その後49才まで拡大）、49才以下が新規参入者の7割を占めています。作目（部門）別では、農作業の手間はかかるものの投資額が比較的少ない野菜や果樹での新規参入が多く、広い土地を必要とする水稲や畑作、家畜や畜舎への投資が必要な畜産への新規参入は相対的に少なくなっています。

　新規参入者には非農家出身者が多く、農地や資金を独自に調達する必要があることから、就農する際には多くの困難（参入障壁）に直面します。新規参入者へのアンケート調査によると、新規参入者が就農時に苦労したこととして（図6）、農地の確保（73％）、資金の確保（69％）、営農技術の習得（58％）を挙げる人が多く、農地や資金、技術という就農に不可欠な経営資源の取得に苦労していることがわかります。また、移住して農業を始めることが多いため、23％が住宅の確保にも苦労があったとしています。さらに、

第Ⅳ部　地域づくりと農業・農村のこれから

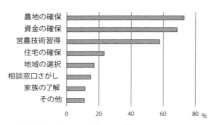

図6　新規参入者が就農時に苦労したこと

資料：全国農業会議所（2022）「新規就農者の就農実態に関する調査
　　　結果―令和3年度―」を引用。
注：1）全国農業会議所が2021年に全国の新規参入者（就農後10年以
　　　　内）に行ったアンケート調査による。有効回答数2,355。
　　2）あてはまるものを最大3つまで選択させた。

農村（集落）社会へ参入し信用を得るのに一定の期間を要することなども、新規参入をより難しいものにしています。

　そして、新規参入者は就農した後も、多くの課題を抱えています（**図7**）。経営面では技術の未熟さ（35％）、設備投資資金の不足（33％）、運転資金の不足（27％）、労働力の不足（30％）などがあり、所得が少ないことを課題としているのは52％にのぼります。生活面においても、思うように休暇が取れない（48％）、労働がきついことによる健康上の不安（44％）のほか、地域の人間関係や交通・医療面等生活面の不便さ、子供の教育・保育など、様々なことが課題となっています。このような就農時および就農後の様々な課題によって、実際に農業所得で生計をたてられているのは、就農1・2年目の人では20％、3・4年目の人で34％、5年目以上の人で53％です。就農してから時間がたつに従ってその割合は上昇していくものの、就農して5年以上たっても半数は農業だけでは生活できないというのが現状です。

　したがって、新規参入者に対しては就農時だけでなく就農後にも、技術向上や農地の拡大を目的とした支援のほか、経営管理面の能力向上のための研修などを関係機関等が継続して行っていく必要があります。現在、所得の補填や機械・施設導入の補助や無利子での融資など、様々な支援制度が国によって整備されていますが、今後は、これらの支援制度を活用しつつ、関係

第10章　地域農業の新たな担い手

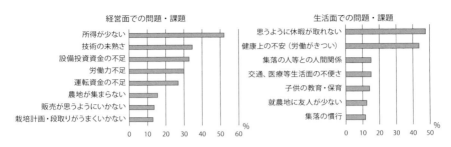

図7　新規参入者が就農後に抱える問題・課題

資料：全国農業会議所（2022）「新規就農者の就農実態に関する調査結果―令和3年度―」をもとに作成。
注：1）経営面及び生活面での問題・課題のうち主要なものを示した。
　　2）調査方法は図6と同じ。あてはまるものを最大3つまで選択させた。

機関や地元の農業者が連携した支援の仕組みをそれぞれの地域で構築し、参入希望者に対する実践的な研修や農地・住宅の斡旋などを進めていくことが望まれます。

3．第三者継承の実態と課題

(1) 新規参入の一形態としての第三者継承

　新規参入者は多くの場合、先進農家や産地等での研修により農業技術を習得するとともに、農地や施設、機械などをそれぞれ独自に調達し、また農産物の販売先も独自に確保して経営を開始します。このような新規参入の形態を「独立就農」といいます。

　一方、後継者のいない農業経営から農地・機械・施設や技術・信用・販路といった経営資源を一体的に引き継ぐ形での新規参入が、数としては少ないながらも様々な地域で取り組まれており、これを「第三者継承」といいます。近年では比較的大規模な農業経営においても後継者が確保できないことが珍しくない状況ですが、そのような経営では、それまでに整備された施設・機械が有効に利用されず、蓄積された高度な技術・ノウハウも引き継がれないことになります。これは社会的にも大きな損失であり、この問題に対して近年進みつつあるのが、後継者のいない農業経営者（以下「移譲者」と言う）

第Ⅳ部　地域づくりと農業・農村のこれから

と新規参入者をつなぐ「第三者継承」の取り組みです。

　一般的な第三者継承では、まず、関係機関や知り合いの紹介、就農希望者向けの研修機関による仲介、移譲者が求人誌で直接募集するなど、さまざまな形でマッチングが行われます。マッチング後には短期間の研修を経て本格的な研修に入ります。研修は数ヶ月から数年かけて行われることが多く、その間に技術面・経営面の指導を受けつつ、資産をどのように引き継ぐかを検討し、契約書（合意書）を作成します。締結後は、すぐに経営を移譲するケースと、数年間の共同経営の後に移譲するケースがあります。農地や機械、施設等の資産については、売買または貸借により継承することがほとんどですが、資産額が大きい場合や移譲者や新規参入者がまだ若く、時間をかけて継承しようとする場合などには、新たに法人を設立し、共同経営を行いながら株式を引き継いでいく形がとられることもあります。

　これまでの全国的な実施状況について、正確な数は不明ですが、北海道をはじめとして全国各地で取り組まれ、酪農のほか稲作、畑作、露地・施設野菜、果樹、花き、肉用牛、養豚、養鶏など幅広い部門・作目で行われています。

(2) 第三者継承の事例

　（株）情熱カンパニーの代表、三木義和さん（45才）は、第三者継承で就農した後、多様な事業を積極的に展開しています[3]。非農家出身の三木さんは、会社勤務を経て、「若いメンバー中心の農業の会社を作りたい」と考えるようになりました。31才のときに、新規就農を支援している農業法人で野菜を中心に２年間研修を行いました。研修中に移譲者Aさんを紹介され、Aさんのもとでさらに２年研修を行いました。その間に関係機関の支援を受け、資産の移譲方法などを決めていきました。そして、継承と同時に自身が100％出資する農業法人を設立し、露地野菜経営を開始しました。三木さんは作付面積の拡大を進めるだけでなく、地域の農業法人と共同で農産物販売会社を、また、地元の病院と連携して障害者雇用による農作業受託会社を設

立するなど、様々な事業を展開しています。近年は県外にも農場を設立し、情熱カンパニーは正社員と常勤パート合わせて50人を超える規模に成長しています。

このように、情熱カンパニーは第三者継承を通して就農した事例ですが、引き継いだ事業や農地を基盤としつつも多様な形で事業を発展させ、それが雇用就農者の増加にもつながっているのが大きな特徴といえます。

一方で、全国を見渡すと、引き継いだ経営を着実に運営する形での第三者継承が一般的といえるでしょう。そのような事例を２つ紹介します。

ハウスで野菜の周年栽培を行うBさんは、子供が就農しなかったことから、家族以外の人へ経営を継承しようと考えていました。そのため、数名の研修生を受け入れて独立就農を支援する中で、中で何度かマッチングを試みました。最終的に、知人の紹介で知り合ったCさんの人柄や手先が器用であることを見込んで、継承の話を持ちかけました。その際、Cさん夫婦に税務申告書を開示し、経営内容をよく理解してもらうようにしました。

マッチング後は２年間の研修期間を取り、栽培上のポイントや考え方を伝えるとともに、販売先への引き継ぎも行いました。農業改良普及センターや農協、税理士等の支援を受け、農地や施設は貸借とすることや、従業員（パート）も引き継ぐことなどを取り決め、合意書を作成しました。そして、合意書に基づいて経営を移譲し、現在はBさんが経営を行っています。

次は、資産を有償譲渡（売買）により継承した養豚経営の事例です。体調不良のため引退を希望していたDさんは、知人の紹介でEさんと知り合い、経営を継承することにしました。Eさんは長年養豚法人で働き、いつか独立したいと考えていました。

Eさんがすでに主要な技術を習得していたことから、研修期間は半年とし、Dさん独自の豚の飼い方が伝えられました。また、市や農協、農業委員会、農業改良普及センター等が支援チームを結成して支援を行いました。支援チームは、Dさんが提供した詳細な会計データなどを参考に、継承後のEさんの経営収支などを試算し、経営が成り立つことを確認した上で、最終的な

移譲方法や金額を決定しました。DさんとEさんの関係は終始良好でしたが、それでも一時的なトラブルがあり、その際には支援チームが仲裁に入りました。継承後、Eさんは飼養頭数を増やすとともに農家レストランを始めるなど、事業を拡大しています。

(3) 第三者継承の課題

　第三者継承の取り組みが順調に進む事例がある一方で、何らかの理由で取り組みが中止になることも少なくありません。中止になった理由は、「資産の移譲条件の折り合いがつかない」「経営の方向性に関する考え方の不一致」「移譲者と新規参入者の人間関係が悪化」「移譲者の家族が継承に反対」「移譲者の子供が就農することになった」「養子縁組を要望された」「新規参入者の怪我、体調不良」など様々です。

　このような中止に至ることなく第三者継承を進めるためには、移譲者と新規参入者の信頼関係を確立することが重要です。それには、事前に移譲者の家族の同意を得ておく、経営に対する考え方が一致するような相手を選ぶ、話し合いの結果を合意書等の文書にしておくといった対応が有効です。前述した三木さんも、移譲者Aさんの考え方を理解すること、同時に自分の夢を丁寧に伝えることを意識して行い、それによって信頼関係の維持を図ったといいます。さらに、DさんとEさんの事例では、関係機関による支援チームが2人の間に入ることで信頼関係を継続させています。

　関係機関による支援は、当事者の信頼関係の確立だけでなく、様々な場面で重要になります。例えば、資産の評価及び継承方法については、利害が対立する当事者だけでその調整を行うのは難しく、また税務等の専門的な知識も必要であることから、関係機関による支援が不可欠です。

　これまでの成功事例の多くは、それぞれの地域で関係機関や地元農業者による支援体制が作られ、移譲者と継承者のマッチングや継承に向けた計画作成、資産の継承方法や合意書の内容の検討などを支援しています。中核となる組織は事例によって異なりますが、いずれも市町村のほか農協、農業改良

普及センター、農業委員会等の様々な関係機関が参画しています。
　今後は各地域において、第三者継承に対する支援のノウハウを蓄積するとともに、移譲者と新規参入者との仲介を行う人材の育成が課題といえます。さらに、各地域で就農希望者を受け入れて研修を行い、それぞれの意向や適性に応じて第三者継承や一般的な独立就農へとつなげていくような仕組みづくりも重要になると考えられます。

注
1）農林水産省「令和２年度食料・農林水産業・農山漁村に関する意識・意向調査（農業経営の継承に関する意識・意向調査結果）」（https://www.maff.go.jp/j/finding/mind/attach/pdf/index-66.pdf）。認定農業者のいる農業経営体（家族経営体）の経営主である60歳代の農業者690人に調査を行ったものである。
2）たけもと農場の経営継承への取り組みは、門間（2020）を参照。
3）三木さんの第三者継承の詳細は、堀口・堀部（2019）を参照。

引用・参考文献
澤田守（2023）『農業労働力の変容と人材育成』農林統計出版.
農研機構マネジメント技術プロジェクト（2020）「改訂版　農業経営の第三者への継承—進め方とポイント—」（https://fmrp.rad.naro.go.jp/publish/）.
堀口健治・堀部篤（2019）『就農への道—多様な選択と定着への支援—』農山漁村文化協会.
門間敏幸（2020）『農業は夢・チャレンジのフロンティア』農林統計協会.

用語解説
○農業法人
　農業を営む法人の総称。会社法に基づく株式会社、農業協同組合法に基づく農事組合法人などの形態がある。家族経営（農家）が法人化したものを「一戸一法人」という。

○農業改良普及センター（普及指導センター）
　都道府県の出先機関で、専門技術者（普及指導員）が配属されている。直接農業者に接して、農業生産性の向上や農畜産物の品質向上のための技術支援、効率的・安定的な農業経営のための支援、農村生活の改善のための支援などを行っている。

第11章

地域農業の6次産業化

細野 賢治（広島大学）

はじめに

　日本農業において、担い手の高齢化・後継者不足が叫ばれて久しいですが、その主な要因としては、農業所得の低迷によって農業だけで生計を立てるのが難しい点が指摘されています。このようななか、東京大学名誉教授・今村奈良臣氏は、1992年に6次産業化の概念を提唱しました[1]。以来、農村地域では農畜産物が生み出す経済的価値を地域内に循環させることで所得向上および雇用創出をめざそうとする取組が拡大しています。そこで本章では、ケーススタディをもとに地域農業の6次産業化が農村社会にもたらした影響力について検討します。

1. 6次産業化とその発展形態

(1) 6次産業化とは

　6次産業化とは、第1次産業部門が主体となって、加工（第2次産業）や販売・外食・観光など（第3次産業）を取り込む動きです。これまで原料生産を主として担ってきた第1次産業部門が、加工・販売などを内部化することで付加価値部分を農村内に取り込むねらいがあります。

　今村氏は、6次産業化の概念を提唱した3年半後に、その定式を「第1次産業＋第2次産業＋第3次産業」から「第1次産業×第2次産業×第3次産業」に変更したといいます。その当時、社会経済状況がまだバブル経済の影響で「土地を売れば金になる」という嘆かわしい状況であったと今村氏は回想します。そして、6次産業化の定式改訂理由の第1として、農地や農業が

なくなれば、つまり農業が0になれば「0 × 2 × 3 ＝ 0」となって「6次産業の構想は消え失せてしまう」という危惧を述べたかったといいます（今村，2015）。

(2) 6次産業化の3つの発展形態

　ここでは、6次産業化の発展形態について、取組主体の属性や関係性によって3つに区分して把握してみましょう。

　6次産業化の概念が登場した当初にめざしたものは、「農業経営による事業の垂直的多角化」でした（清原，2016）。農業経営の垂直的多角化[2]は、農畜産物を生産し、これを原材料として加工または調理し、これを商品として販売または食事空間を設けて提供するという一連の作業を1つの農業経営体が行うというものです。本章では、これを6次産業化の第1形態（経営体完結型）と位置づけます。この点については、今村氏が6次産業の定式を「足し算」から「掛け算」に改訂した理由の第2として、「各部門の連携を強化し、付加価値や所得を増やし、基本である農業部門の所得を一段と増やそうという提案」と述べています（今村，2015）。しかしながらこの形態は、家族経営など小規模な農業経営体では資本や生産手段、労働力などに限界があり、最終商品を製造して消費者に提供するまでの対応が不十分になりがちであるため、6次産業化に成功する経営体も限られていました。これらを克服する手段として、1つは農業経営の大規模化あるいは企業化、もう1つは複数の経営体による連帯とネットワーク化が採られました。これらのうち、前者は第1形態（経営体完結型）の経営規模が拡大したものですが、後者を本章では第2形態（ネットワーク型）と位置づけます。

　一方、6次産業化の概念形成が行われたほぼ同時期に、「農商工連携」という概念も形成されました。これは、「農業経営、食品加工、流通等の各部門の事業者の連携によって新たな事業を生み出す」取組です（清原，2016）。この概念は登場した当初、6次産業化とは「似て非なるもの」として扱われてきました。それは、取組主体が第1次産業部門かどうか問われなかったた

第Ⅳ部　地域づくりと農業・農村のこれから

めです。このようななか、今村氏が6次産業の定式を「足し算」から「掛け算」に改訂した理由の第3として挙げたのは、「農業部門はもちろん、加工部門あるいは販売・流通部門さらにはグリーン・ツーリズムなどの観光部門などで新規に就業や雇用の場を広げ、農村地域における所得の増大をはかりつつ、6次産業の拡大再生産の道を切り拓こう」という提案であったと述べています（今村，2015）。本章ではこのような事例を6次産業化の第3形態（農商工連携型）と位置づけます[3]。

(3) 本章の進め方

　本章では、6次産業化をこれら3つの発展形態、すなわち、第1形態（経営体完結型）、第2形態（ネットワーク型）、第3形態（農商工連携型）に区分し、それぞれについてケーススタディを行います。その際、各取組が農村社会にもたらした影響力について、地域農業と人づくりの観点から検討したいと思います。

　以下、第1形態（経営体完結型）は、広島県東広島市豊栄町で酪農経営を展開する有限会社トムミルクファームを事例として、第2形態（ネットワーク型）は、広島県世羅町で6次産業化を推進する世羅高原6次産業ネットワークを事例として、第3形態（農商工連携型）は、広島県尾道市瀬戸田町で展開されている「せとだレモン」の取組を事例として、それぞれケーススタディを行います。

2．経営体完結型6次産業化を実践する「トムミルクファーム」

　有限会社トムミルクファームは、東広島市豊栄町で6次産業化を実践する酪農経営です。飼養頭数は成牛140頭（うち搾乳牛120頭）、初妊育成牛70頭、生乳生産量は年間1,200tとなっています。代表取締役の沖正文さんは、1980年に家業の酪農経営を継ぐ決意をして就農しました。家業の沖牧場は、沖さんの祖父が豊栄町で水稲・畑作・酪農の複合経営として1950年に子牛1頭を導入し、1952年に搾乳を開始しています。沖さんは、1980年の就農時の基本

理念に「地域に根差した酪農経営」を掲げました。

　実父母のケガ・病気を契機として家族労働力依拠からの脱却をめざし、牛も人もストレスを感じることなく持続可能な酪農を実現するため、1996年にフリーバーン式牛舎[4]の建設を実現し、雇用型酪農への転換を行いました。1998年には、有限会社トムミルクファームとして法人化し、2023年現在の従業員数は17名となっています。

　当牧場の6次産業化ですが、「酪農業は地域に根づいたものでなければならない」との思いから、相互理解を得るための地域と消費者の結接点として2005年にジェラートショップ「十夢ジェラート」をオープンしました（後に「まきばカフェ十夢」に拡大）。そこでは、自家製生乳を100％使用した牛乳「十夢みるく」とアイスクリーム「十夢ジェラート」を製造・販売しています。2007年には、酪農教育ファームの認証を取得し、食と命の大切さについて牧場を通して学習する実践型の食農教育に貢献しています。

　沖さんが地域に根差した酪農経営をめざしたのは、農村集落の持続性とそこで暮らす人たちの生活の持続性が不可分であると考えたからだといいます。例えば、閉鎖予定だった近隣のガソリンスタンドを「なくなったら地域住民が困るから」と事業承継し営業を続けています。また、酪農経営の傍ら、東広島市北部に位置する豊栄町、福富町、河内町の旧3町における地域活性化を目的とした「心のふるさと県央協議会」の設立と運営に主体的に取り組んでいます。当協議会は主に東広島市北部旧3町の地域資源を活かした着地型観光を推進しており、農泊、地域産品を活用した外食、農業体験・交流などを促進するための拠点づくりやネットワークの構築、および地域最大の交流イベント「セントルマルシェ」の開催による集客促進などの活動を実践しています。沖さんはこれらの活動について基幹的役割を担っています。

　図1は、トムミルクファームの6次産業化における概念図を示しています。当牧場の6次産業化は第1形態（経営体完結型）に位置づけられますが、このような沖さん自身の酪農経営も含めた一連の活動は、「地域に根差した酪農経営」をめざして就農して以来、地域資源と人を大切にしながら、関係性

第Ⅳ部　地域づくりと農業・農村のこれから

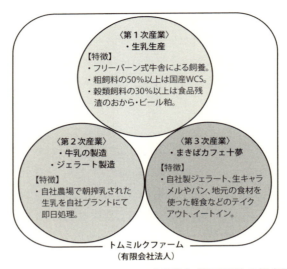

図1　トムミルクファームの6次産業化（第1形態）の概念図
資料：聞き取り調査に基づき筆者作成。

を常に意識して実践してきた彼のライフヒストリーが基礎となっているといえます。

3．ネットワーク型6次産業化を実践する「世羅高原6次産業ネットワーク」

(1)「世羅高原6次産業ネットワーク」の概要

　世羅高原6次産業ネットワーク（以下、「6次産業ネットワーク」）は、1999年7月に設立された世羅町内の農業関係者による任意組織です。世羅町は、広島県東部の中山間地域に位置しています。6次産業ネットワーク設立の目的は「世羅高原において第1次産業を核とし、第2次産業・第3次産業を総合化して、個別あるいは地域間補完による有機的な連携により、世羅高原の6次産業化を進め、所得と就業機会の増大を図るとともに、地域社会の活性化と交流促進に努め、もって世羅高原の多彩な豊かさと活力の創造に寄与すること（規約第1条）」です。この組織は、①安全・安心な農産物づく

第 11 章　地域農業の 6 次産業化

表 1　世羅高原 6 次産業ネットワークの主な会員

名称	業種	事業概要	摘要
農事組合法人 世羅幸水農園	果樹経営	・果樹 63ha（日本ナシ 57ha、ブドウ 3ha、ほか）。 ・直売施設：ビルネラーデン。	・2014 年に日本農業賞大賞。 ・組合長の光元信能さんは、6 次産業ネットワーク会長。
農事組合法人 世羅大豊農園	果樹経営	・果樹 41ha（日本ナシ）。 ・直売施設：山の駅。	・組合長の松村健立朗さんは、40 歳代の若手農業者。
株式会社 太平牧場	肉用牛の育成、堆肥生産	・完熟牛ふん堆肥の製造。 ・肉牛の育成。 ・ベーコン、梅干など農産加工品の製造。	・母娘で経営。母・佐古淳子さん（県外出身）は、夢高原市場の初代理事長。世羅町観光協会の会長。
世羅高原ファームランド・ジェラート工房 Donna	酪農経営	・生乳生産。 ・2001 年に自家製生乳を使ったジェラート事業を開始。 ・酪農教育ファームに認定。	・ジェラート事業を始めた岡田典子さんは、6 次産業ネットワークの理事経験者。
せらにし特産品センターかめりあ	農産加工品製造・販売	・旧世羅西町の農村女性により 1995 年に結成されたみなし法人。 ・味噌、かりんとう、テンペ、黒米おはぎ、などが有名。	・1976 年に前身が協議会組織として設立。 ・代表の宮本真弓さんは 6 次産業ネットワーク理事。
協同組合 甲山いきいき村	農産物直売所	・世羅町内の青果物や農産加工品を販売する直売所。 ・広島市、福山市などのスーパーにインショップを展開。 ・そば料理の提供（外食）。	・2006 年にオープン。 ・初代代表の橋川正治さんは、6 次産業ネットワーク会長経験者。

資料：各会員への聞き取り調査およびそれぞれのウェブサイトを参考に筆者作成。

り、②地産地消の啓発、③都市と農村の交流活動、④次代の担い手育成、⑤会員の情報の発信、の 5 つ取組を掲げて活動を展開しています。

　2024 年 8 月現在の会員数は 68 団体であり、観光農園、農産加工グループ、農家レストラン、農産物直売所、直売機能を持つ農園、集落営農法人、農家民宿、高等学校（広島県立世羅高等学校）、農協（世羅町を管轄区域とする JA 尾道市）、福祉施設などが所属しており、町内の多様な農業関係者によって構成されています。主な会員の状況は表 1 の通りです。また、当ネットワークには、企画・情報発信部会、世羅ブランド開発部会、グリーン・ツーリズム部会の 3 つの部会が設置されており、全会員がいずれかに所属して活動を行います。

　6 次産業ネットワークが主催する年間行事として、スローフードフェスタ（年 1 回。11 月開催。1998 年〜「産品試食会」、2007 年〜「地産地消のつど

第Ⅳ部　地域づくりと農業・農村のこれから

い」、2013年～現在の名称となる)、世羅高原ゆめ祭り（年2回。9月開催＝フルーツ王国：1999年～、4月開催＝フラワー王国：2009年～）があります。

　6次産業ネットワーク拠点施設としては、せらワイナリーの施設内に2006年4月に「夢高原市場」がオープンしました。運営は協同組合夢高原市場が行っており、当ネットワークの会員がこの協同組合組織の組合員となっています。夢高原市場は当ネットワークの拠点、およびアンテナショップとして位置づけられ、会員が生産する地場産品の販売、郷土料理のテイクアウト、農村生活体験学習、せらワイナリーへの食材提供などを行っています。

(2)「世羅高原6次産業ネットワーク」の誕生まで

　2006年に世羅郡甲山町、世羅町、世羅西町（以下「世羅郡旧3町」）が合併し現在の世羅町となりましたが、この地域は、1963年の県営農地パイロット事業や1977年の国営農地開発事業などで農地造成や農業経営の大規模化が進み、広島県内では農業生産性の高い地域として知られていました。一方で、1980年代後半以降、全国的に顕著となった農業所得の低迷は世羅郡旧3町経済に影を落とし、若手人材の都市部への流出、担い手の高齢化などが顕著となってきました。

　このようななかで今村氏が1992年に農業の6次産業化を提唱しましたが、広島県では、その5年後の1997年度に「農村地域6次産業推進事業」というソフト事業を開始しています。そして、世羅郡内関係者による様々な議論の末、世羅郡旧3町、広島県、旧世羅郡農協が連携してこの事業に取り組むことになり、事業初年度の補助採択を受けることになりました。これを受け、1998年1月に世羅郡旧3町長、広島県、旧世羅郡農協、および関係農業者団体を構成員とする「世羅高原6次産業推進協議会」（以下「推進協議会」）が結成されました。

　世羅郡旧3町では当時から、地域産品加工グループやナシの直売農園、花き・果樹の観光農園、農産物直売所などの活動が盛んに行われていました。推進協議会は、今村氏が提唱した「多様性を真に生かす」6次産業化をめざ

すため、勉強会を重ねながら、これら団体のネットワーク化に向けた情報共有や合意形成など様々な活動を地道に展開しました。

そして前述の通り1999年7月、世羅郡旧3町内32団体によって6次産業ネットワークが農業関係者の任意組織として結成されました。この一連の取組に当初から指導的な役割を果たしてきたのが、後由美子さんです。後さんは当時、広島県の生活改良普及員として世羅郡旧3町における農村生活の向上をめざし普及指導業務に携わっていました。そして、世羅郡旧3町の農業特性を踏まえ、生活向上には6次産業化が肝要であるとの思いから、関係者の合意形成に向けた活動を地道に続け、6次産業ネットワークの設立に漕ぎ着けました。

6次産業ネットワークはその発足時に推進協議会の関係農業者団体として位置づけられており、当ネットワークの実践的活動を推進協議会が行政的な立場から支援する形となっています。また、2012年から世羅町観光協会、2017年からは世羅町商工会、世羅郡飲食組合、および広島銀行が推進協議会の構成員として位置づけられ、世羅町内における6次産業化推進のための多様なステークホルダーによる連携が実現しています。

(3) 世羅高原6次産業ネットワークの特徴

図2は、世羅高原6次産業ネットワークにおける6次産業化の概念図を示しています。当ネットワークの6次産業化は第2形態（ネットワーク型）に位置づけられますが、活動の特徴を以下の3つに整理しました。第1に、世羅町内におけるフードシステムの川上から川下までの多様な主体が規模の大小に拘らず結集したことで、組織に多様性をもたらしていることです。今村（2015）は、多様性の中にこそ真の強靭な活力は育まれ、画一化の中からは弱体性しか生まれてこないと指摘しています。構成メンバーの多様性は、当ネットワークが1999年結成から25年を経過してもなお存在感を増している要因の1つといえます。

第2に、設立の過程から現在に至るまで、関係者が何度も勉強会を重ねて

第Ⅳ部　地域づくりと農業・農村のこれから

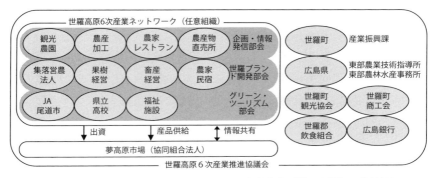

図2　世羅高原6次産業ネットワークの6次産業化（第2形態）の概念図
資料：聞き取り調査に基づき筆者作成。

議論することで、ネットワークの活動方針に対して会員が深く理解したうえ、会員間の相互理解の下で組織運営がなされてきたことです。第3に、活動を支えるキーパーソンが複数存在し、彼らが、個々のライフヒストリーで培ってきた能力や考え方をネットワーク組織に結集させていることです。このことは、世羅町の6次産業化においてイノベーションを起こし、地域の活力を高める人材の育成にもつながっています。

今村氏は、2003年に講演会の講師として初めて世羅を訪れましたが、それ以降、セミナーの講師として再三にわたって世羅を訪問し、6次産業に携わる多様な担い手と直接触れ合いながら、6次産業化理論のブラッシュアップを進めたといいます。今村氏が『世羅高原6次産業活動記録集』に寄稿した文章には、「この私のかねてよりの思想を現場ですばらしい形で創造的に展開させている」と最上級の賛辞が記されています（後ら．2012）。

4．農商工連携型6次産業化を実践する「せとだレモン」

（1）安全・安心な農産物生産をめざす「せとだエコレモングループ」

尾道市瀬戸田町は、主に瀬戸内海に浮かぶ生口島と高根島によって構成されています。この地域は全国有数のレモン産地として知られ、2021年のレモン収穫量が2,288tであり、広島県の55％、全国の26％を占めています。JAひ

ろしま三原地域営農経済センターせとだ柑橘事務所（以下「せとだ柑橘事務所」）は、尾道市瀬戸田町のカンキツ生産を管轄しています。

せとだ柑橘事務所が取り扱っているレモンは、「せとだレモン」というブランドで販売されており、2021年の出荷者数418人、栽培面積104haとなっています。これら出荷者のうち「せとだエコレモングループ」は2008年に結成され、尾道市瀬戸田町内において化学合成農薬および化学合成肥料を慣行の5割減の使用で栽培した「せとだエコレモン」（広島県から特別栽培農産物の認証を2008年に取得）を生産・出荷する農業者のグループです[5]。2021年の「せとだエコレモン」生産者数は156人、栽培面積は32.2haです。

特別栽培農産物は高度な農業技術を伴いますが、これを全グループ構成員で平準化させるため、同志会組織が結成され、生産者主導による積極的な活動が展開されています。また、農業技術の情報交換だけでなく、耕作放棄地の伐採や鳥獣害対策用柵の設置など地域での共同作業を実施するなど、生産者どうしの結びつきが強いことが特徴です。このようなことから、家族経営継承型のUターン就農者が増加しており、広島県内で若手農業者が比較的多く活躍している農業地域として知られています。

また、せとだ柑橘事務所は1983年にレモン粉末飲料「ふるさとレモン」を発売するなど、レモン加工の取扱に早くから取り組んでいます。2009年には直販センターにおいて、管内およびその周辺に所在する加工企業7社との委託契約に基づき、「せとだブランド」のレモン加工品の商品開発と販売の強化を行いました。JA職員の主体的な取組により開発されたレモンのJAオリジナル商品は、アイテム数が年々増加しているといいます。農協がレモンの6次産業化に取り組む理由は、そのことによって規格外品もまとめて集荷し価値をつけることができ、生産者が他チャネルより農協に出荷した方が「単価が取れる」と認知することを期待しているからだといいます。

(2) 瀬戸田をもっと誇れる島にしたい「島ごころ」

株式会社島ごころ代表取締役社長の奥本隆三さんは、2008年4月に出身地

第Ⅳ部　地域づくりと農業・農村のこれから

である尾道市瀬戸田町において、個人経営の洋菓子店パティスリー・オクモトを開業しました。経営理念は「瀬戸田をもっと誇れる島にしたい」です。奥本さんは神戸市内の洋菓子専門店での経験を活かし、開業当時は「神戸のお菓子を地元の人々に食べてもらいたい」という方針で商品づくりを行っていました。しかし、同年の夏に常連客から「地元食材を使ったお土産品が欲しい」と要望され、試作を重ねた末、2009年4月に瀬戸田レモンケーキ「島ごころ」を発売しました。そして、当社は2016年3月に株式会社島ごころに社名を変更しています。

瀬戸田レモンケーキ「島ごころ」の特徴は、①レモンの薫りと食感を重視し、レモン果皮を1つずつ包丁でカットしジャムにして生地に練りこむ製法、②原料レモンは全量「せとだエコレモン」を使用、③原材料のうち小麦粉、砂糖は全量国産、バターも基本的に国産を使用、④レモンの薫りを損なわないよう、ケーキをホワイト・チョコレートでコーティングしない、などです。

株式会社島ごころは、原料レモンの全てに生食用「せとだエコレモン」を採用し、生食仕向の価格で調達しています。その意義について奥本さんは、①レモン果皮を使った加工食品に地元産の特別栽培レモンを使用することで、より高い安全性を追求する姿勢を消費者に示せる点、②原料レモンを個人農家から直接調達するとその利益は一部にしか還元されないが、地元JAから調達するとその利益が瀬戸田町レモン生産全体に還元されることになる点、などを挙げています。当社は「せとだエコレモン」をせとだ柑橘事務所から直接調達しており、2009年度に300kgであった仕入量が2022年度には30tにまで拡大しました。

(3)「せとだレモン」における6次産業化の特徴

このような「せとだレモン」の取組が奏功し、尾道市瀬戸田町は「レモンの町」としての地域活性化の取組が商工観光部門の地域組織との連帯によって盛んに行われるようになりました。また、瀬戸田レモンケーキ「島ごころ」は、2023年5月に開催されたG7広島サミットにおいて、ティータイム

第11章　地域農業の6次産業化

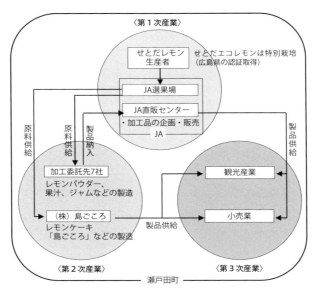

図3　せとだレモンの6次産業化（第3形態）の概念図
資料：聞き取り調査に基づき筆者作成。

にデザートとして各国首脳に振舞われた広島銘菓7品目の1つに採用されるなど、今や瀬戸田を超えて広島県を代表するお土産品として位置づけられました。

このように、「せとだレモン」は、尾道市瀬戸田町において図3に示したようなクラスター[6]を形成しており、レモン生産を含む関連産業はUターン者やIターン者などの就業機会を生み出しています。

5．地域農業の6次産業化と人づくり

本章ではこれまで、地域農業の6次産業化が農村社会にもたらした影響力について、3つの発展形態にかかる広島県におけるケーススタディに基づき、地域農業と人づくりの観点から検討してきました。

第1形態（経営体完結型）で取り上げた「トムミルクファーム」は、「地域に根差した酪農経営」を方針に掲げて経営を展開していました。そして、

213

農村集落の持続性とそこで暮らす人たちの生活の持続性が不可分であると考え、雇用型畜産に転換し地域雇用を生み出した点、6次産業化を酪農業に対する相互理解を得るための地域と消費者の結節点として位置づけた点が特徴的です。

第2形態（ネットワーク型）で取り上げた「世羅高原6次産業ネットワーク」は、世羅町フードシステムの川上から川下までの多様な主体が規模の大小に拘らず結集している点、勉強会など継続的なコミュニケーション機会に基づき会員間の相互理解が実現されている点、複数のキーパーソンが持つ能力が有機的に発揮されている点が特徴的です。また、農業外部門が協議会組織に結集し始めており、地域の活力の持続的向上に向けた新たな展開として注目されます。

第3形態（農商工連携型）で取り上げた「せとだレモン」の取組は、尾道市瀬戸田町の地域産品であるレモンを中核として、農業生産者の機能的組織化が実現され、そのことが農業後継者の確保につながっている点が特徴的です。また、農村社会に親和性の高い農業外企業が、社会的課題の解決を通じて本業の長期的利益を実現するという「共通価値の創造（Creating Shared Value）」（Porter and Kramer, 2011）の観点から活動を展開するというケースもみられ、このことが「せとだレモン」クラスター形成の一端を担っている点は注目すべきです。

最後に、地域農業を含めた農村地域において、今村氏の言う「多様性に基づく真の強靭な活力」の持続的向上に向けて、本ケーススタディが示唆したことは次の通りです。第1に、第1次産業部門が主体となり、地域に根差した活動を展開することです。第2に、地域内において産業間の垣根を超えた相互理解を持たせる活動が重要です。第3に、これらの活動が「人づくり」に役立つこと、すなわち、地域人材の育成につながるという点に注目することが必要です。

注

1) 今村（2015）には、「1992年から私は農業の6次産業化を提唱し、農村の皆さんに呼びかけてきた」との記述があります。
2) Ansoff（1957）は、事業多角化のうち、商品アイテムを多様化させることを水平的多角化と位置づけ、これに対して原材料の生産、加工、流通、販売などを統合的に行うことを垂直的多角化と位置づけました。
3) ただし、今村（2015）は「3×2×1＝6」、つまり、流通・販売企業が中心となり、農畜産業が単なる原料供給者の地位になるような事態については「厳しく警笛を鳴らさなければならない」と指摘しています。
4) 牛の寝るベッドが一頭ごとに仕切られているものを「フリーストール」、自由に寝ることができるものを「フリーバーン」といいます（中央畜産会,2011）。
5) 「せとだエコレモングループ」は、その活動の先進性が評価され、2023年1月に第52回日本農業賞において集団組織の部で大賞、2024年1月に第62回農林水産祭において天皇杯をそれぞれ受賞しました。
6) Porter（2008）は、「クラスター構造の内部で交流と非公式な契約が繰り返されるのは、一定の限界を持った地理的範囲のなかで生活し労働することの結果」であると指摘します。また、「クラスターに属することによって生じる、企業の一体感、コミュニティ感覚、そして単独の団体という狭い限定を超えた市民としての責任は、クラスター理論によれば、そのまま経済的価値につながるのである」とも述べています。

引用・参考文献

Ansoff, H. I.（1957）Strategies for Diversification, Harvard Business Review 35（5）：113-124.
中央畜産会（2011）「フリーストール　フリーバーン牛舎について」『畜産のお仕事—農場作業のイロハ』https://jlia.lin.gr.jp/wk/dairy/free/about.html（2024年8月30日参照）.
細野賢治（2021）「国産レモンの生産振興を図るためのサプライチェーン」『関西大学経済論集』70（4）：469-484.
今村奈良臣（2015）『私の地方創生論』農山漁村文化協会.
清原昭子（2016）「農業経営の多角化と連携とは何か」『農業と経済』82（4）：5-15.
Porter, M. E.（2008）On Competition, Updated and Expanded Edition. Boston: Harvard Business Review Press.
Porter, M. E. and Kramer, M. R.（2011）Creating Shared Value: How to reinvent capitalism and unleash a wave of innovation and growth, Harvard Business Review 89（1-2）：62-77.
後由美子・門脇平吉・吉本恭子・和泉美智子・大前直子編著（2012）『世羅高原6

第Ⅳ部　地域づくりと農業・農村のこれから

次産業活動記録集』世羅高原6次産業ネットワーク・世羅高原6次産業推進協議会.

用語解説
○6次産業化
　6次産業化は、第1次産業部門（農林水産業）が主体となって加工（第2次産業）や販売・外食・観光など（第3次産業）を取り込む動きを指す。今村奈良臣が提唱した。
○垂直的多角化（Vertical Diversification）
　アンゾフによると、事業多角化のうち商品アイテムを多様化させることを水平的多角化といい、原材料の生産、加工、流通、販売などを統合的に行うことを垂直的多角化という。
○農商工連携
　農商工連携とは、「中小企業者と農林漁業者とが有機的に連携し、それぞれの経営資源を有効に活用して行う事業活動」である。農林水産省と経済産業省が共同で支援している。
○共通価値（Shared Value）
　ポーター&クラマーは、共通価値の概念について「企業の競争力を強化すると同時に、その企業が操業する地域の経済的社会的状況を前進させるような方針、および実践を行うこと」と定義した。
○クラスター（cluster）
　ポーターは、クラスターについて「ある特定の分野に属し、相互に関連した、企業と機関からなる地理的に近接した集団」と定義した。

第12章

農業・農村と歩む農協

岸上 光克（和歌山大学）

はじめに

　2016年に「協同組合において共通の利益を形にするという思想と実践」（以下「協同組合の思想と実践」）がユネスコの無形文化遺産に登録されたことはご存じでしょうか？　この登録に関しては、ドイツから提案されたものですが、地域的な限定はなく、日本を含めた世界中の協同組合が受け継ぎ、実践している思想と実践の代表として登録されたものです。

　日本においても、農協を知らない人はいないでしょう。また、農業や農村の維持・発展のためには、なくてはならない組織であることも間違いないでしょう。一方で、農協批判も一定みられるとともに、農協が協同組合であり、その協同組合についての認知度は必ずしも高いわけではありません。

　そこで、本稿では、日本の農協の歴史や特徴について解説し、その理解を深めたうえで、読者が地域づくりと農協について考えるヒントにしていただきたいと思います。

１．協同組合とは何か

　協同組合とはどのような特徴を持つのか、確認しておきたいと思います。国際協同組合同盟によると、協同組合は、「人びとの自治的な協同組織であり、人びとが共通の経済的・社会的・文化的なニーズと願いを実現するために自主的に手をつなぎ、事業体を共同で所有し、民主的な管理運営をするもの」とされています。また、協同組合は、事業を通じて自分たちの暮らしや社会をよくしていこうとする運動体であり、一般企業とも行政機関とも異なる組織となっており、法人格の取得を認められた経済組織です。さらに、自

表1　協同組合と株式会社との一般的な違い

	協同組合	株式会社
目的	組合員の生産と生活を守り向上させる（組合員の経済的・社会的地位向上、組合員および会員のための最大奉仕）〈非営利目的〉	利潤の追求〈営利目的〉
組織者	農業者、漁業者、森林所有者、勤労者、消費者、中小規模の事業者など〈組合員〉	投資家、法人〈株主〉
事業・利用者	事業は根拠法で限定、事業利用を通じた組合員へのサービス、利用者は組合員	事業は限定されない、利益金の分配を通じた株主へのサービス、利用者は不特定多数の顧客
運営者	組合員（その代表者）	株主代理人としての専門経営者
運営方法	1人1票制（人間平等主義に基づく民主的運営）	1株1票制（株式を多く持つ人が支配）

資料：日本農業新聞『私たちとJA13訂版』JA全中、p.15を引用。

ら事業を利用するための自発的な組織であり、みんなでお金を出し合い事業を展開し、利用します。そして、組合員による民主的な運営が基本であり、総会（総代会）の決定に基づき運営されていますが、最大の特徴が、出資金の多い少ないに関係なく「一人一票」であることです。株式会社との違いについては、**表1**を参照してください。

　これらの考え方を実践していくために「協同組合原則」があります。第1原則は自主的で開かれた組員制、第2原則は組合員による民主的な管理、第3原則は組合財政への参加、第4原則は自主・自立、第5原則は教育・研修、広報、第6原則は協同組合間の協同、第7原則は地域社会への係わり、となっています。このことからもわかるように、協同組合は平等な相互扶助の組織であり、よりよい地域（社会）づくりを目的とした組織です。

　そして、『2021事業年度版　協同組合統計表』（2024）によると、国内の協同組合の単位組合数は、2017年度は4万377組合で、その後徐々に減少傾向にあり、2021年度は3万9,731組合となっています。また、同年度の各種協同組合の内訳は、中小企業組合が3万4,735組合と群を抜いており、単位組合数の87.4％を占めています。次いで、水産業協同組合1,692組合（4.3％）、農協1,109組合（2.8％）、生協830組合（2.1％）、森林組合610（1.5％）、労働者協同組合343（0.9％）、信用金庫254組合（0.6％）、信用組合145組合（0.4％）、

労働金庫13組合（0.0％）となっています。つまり、農協、漁協、生協（特に、大学生には大学生協）などは、すべて協同組合です。本来であれば、協同組合の歴史や世界の協同組合なども興味深いのですが、今回は、これまでの日本の農業や農村の維持・発展に大きな役割を果たした協同組合である農協の歴史や特徴について確認することにします。

2．戦後農協の変遷

まず、戦後日本における農協の変遷を振り返ります。これまでの歴史を、設立前史（明治時代から第2次大戦まで）、戦後の形成期（1945年頃～1950年代半ば）、成長期（1950年代後半～1980年代半ば）、再編期（1980年代半ば～2010年頃）、改革期（2010年ごろ以降）に分け、各期の特徴について簡単に紹介します。

(1) 農協設立の前史

日本における協同組合思想の出発として、一定の思想体系を有し、江戸時代末期の商品・貨幣経済の一般的な発展のなかで農民の生活向上を目的として相互扶助運動を主導した大原幽学の先祖株組合と二宮尊徳の報徳社があげられます。ただし、先祖株組合や報徳社は封建社会の江戸時代末期に生まれたため、現在の協同組合と区別されることが一般的です。

さらに、日本における協同組合に対する法律的基礎である産業組合法（1900年）の制定以前においても、自生的近代的協同組合は数多く存在し、なかでも信用組合、生糸販売組合、製茶販売組合、肥料購買組合は重要な地位を占めていました。産業組合法の目的は、自然発生的に成立した協同組合を保護・育成するためではなく、協同組合の設立促進でした。産業組合は現在の農協と違い、組合員資格の厳格化はみられず、多様な職業や立場の人々の参画がみられました。当初、産業組合は現在のように農協や漁協などのように産業などで細分化されておらず、組合員は様々な立場の地域住民でした。

このようななかで、全国各地で産業組合の設立が進み、1930年代の金融恐

慌と世界大恐慌を受けて、全農家加入、全町村での設立、組合全利用推進、信用・販売・購買・利用の4種兼営などが進められました。そして、日本が戦時体制に入り、産業組合は徐々に自主的協同の理念を失い、国家の代行機関としての性格を強めざるを得なくなっていきます。コメの一元集荷機関などの性格を強め、農業団体法（1943年）の制定により、産業組合は各種団体と統合され、農業会となりました。農業会は、農業生産に対する統制（指導）機能と販売・購買・金融などの独占的機能の両側面を有し、農家経済の国家的統制を行う組織でした。

(2) 農協の形成期

　1945年、日本は無条件降伏というかたちで終戦を迎え、農協法（1947年）が成立しました。農協法の特徴は、以下ように指摘されています[1]。①同法の目的において、農協は組合員の協同組織の発達とともに、国民経済の発展の手段とするという国家的意思が強いということ、②産業組合法では組合員資格の限定性はなく幅広い構成員であったが、同法では正組合員が勤労農民とされ、それ以外は准組合員と規定されたこと、③准組合員は事業利用をできるが、総会（総代会）における議決権や選挙権などがないこと、④農協法では組合の設立、組合員の加入・脱退はすべて自由として、組合の事業についても13種の事業範囲を与え、その間の選択は自由としていること、⑤正組合員は平等の議決権と選挙権をもち、その活動は議決機関または組合員の意思によって実行されるという民主制が確保されていること、⑥農協の事業が流通・信用のみならず、農業労働の効率増進に関わる施設や農地造成などが含まれており、農業生産面においてもその機能発揮が期待されていること、です。同法の制定とともに、農業会に代わる農村の経済機関が必要だったことや政府の設立奨励などもあって、農協の設立は急速に進みました。急速な農協の設立によって、①農家の協同意識の醸成が不十分であったこと、②農業会の不良資産を引き継いだこと、③農協経営者の経営管理能力が不足していたこと、などを背景として、農協は多くの赤字を生み、すぐさま経営不振

に陥りましたが、国の援助を受けるかたちで再建を図りました。

　以上のことにより、戦後農協の原型が形成されたといわれており、その特徴は、①4種事業兼営の総合性、②農家の全戸参加、③非農家を中心とした准組合員を含めた地域組合性とその地域独占性、④食糧管理法代行機関（米麦農協・官製共販組織）としての財政依存性、⑤行政依存性、となっています[2]。

(3) 農協の成長期

　1960年頃から始まった高度経済成長によって、農村から労働力が流出し、兼業農家の増加や農業生産の停滞や衰退がもたらされました。そのような状況のもと、農業基本法（1961年）が制定され、農協は合併を進め、事業規模も大きく拡大することとなります。農協合併は、町村合併促進法（1953年）と新市町村建設促進法（1956年）による市町村合併に対応したもので、市町村と農協の区域の一致を目指した結果、農協は約1万3,000（1955年）から約6,000（1970年）まで半分に激減しました。このような農協合併は、事業効率の適正化、経営基盤の強化を目指した前向きな合併でした。そのため農協事業は、大きく身長し、農協の経営改善とともに経営内容の充実がもたらされました。一方で、農協運営に対して、組合員からは農協が協同組合の目的である組合員のための事業を行っているのではなく、農協組織の経営（利益）主義が問題視されるとともに、農協は「農業振興を目的とした職能組合なのか、農村振興を目的とした地域組合なのか」という問題が提起され、「農協運動の原点に帰れ」との声があがり、農協本来のあり方が問われました。

　1970年ごろから、日本の高度経済成長も陰りが見え始め、低成長経済へ移行しましたが、このような環境変化は、農協事業にも影響し、その経営は厳しくなっていきます。そこで、1979年の全国大会（3年に1回開催される全国の農協の方針を確認する会議）では「1980年代日本農業の課題と農協の対策」として、すべての農協で地域農業振興計画を作成し、これを基本として

農業の再編を行い、全国的な農産物の需給調整を行う体制を整備することとしました。また、1982年には「日本農業の展望と系統農協の農業振興方策」と「系統農協経営刷新強化方策」を推進し、農業の体質強化と農協経営の合理化・効率化に取り組むこととなりました。

(4) 農協の再編期

　1980年代前半、日米の経済摩擦が激化するとともに、農産物貿易では、アメリカなどの国々は貿易不均衡の是正を理由として、日本の農産物市場の開放を迫りました。そして、農協はコメの輸入自由化を阻止できないかったことに加え、WTO体制移行に伴う食管法の廃止と食糧法の制定によって、政府の制度に支えられた「制度的農協」から「協同組合事業体」への体質転換が求められました。「協同組合事業体」とは、国の支援や制度に頼るだけでなく、農業者を中心としながら、地域社会への積極的な関与によって組織事業基盤を拡大しようとする動きであり、「地域に根差した協同組合」あるいは「地域社会に責任をもつ協同組合」であり、本来の協同組合の姿とも言えます。

　その当時、コメの自由化と並んで金融自由化も本格化し、農協は地域金融機関化していきます。また、この時期に既に住専問題が表面化しつつあり、住専処理で農協は国に大きな借りをつくってしまい、1996年に農協法改正がなされました[3]。この法改正は、「農協のJAバンク化（金融機関化）」を確立させることとなりました。金融自由化への対応として、農協は更なる合併推進を推進し、1988年には21世紀までに1,000農協化を目標に掲げました。農業協同組合合併助成法は3年ごとに更新された結果、1990年から2005年の間にも農協合併は進み、2005年の農協数は1985年の20％程度にまで減少しました。1990年代には自治体の平成合併が強力に推し進められるようになり、1992年には農協数が市町村数を上回りました。このように1990年代の合併は、信用事業主軸の合併であったと考えられます。

(5) 戦後の農業協同組合の改革期

　農協を取り巻く経済・社会環境が大きく変化するなか、食料・農業・農村基本法（1999年）の制定を受けて、農協は自己改革を行っていきます。2000年には、「『農』と『共生』の世紀づくりに向けたJAグループの取り組み」をスローガンに掲げ、「信頼」・「改革」・「貢献」をキーワードに様々な取り組みを行いました。そして、2015年には、農協法改正など「農協改革」に対して、「創造的自己改革への挑戦〜農業者の所得増大と地域の活性化に全力を尽くす〜」をスローガンとして掲げました。2015年の農協法改正などの農協改革においては、准組合員制度や信用・共済事業の農協からの分離などが盛り込まれました。また、指導事業の全国段階である全中は一般社団法人化（2019年に移行済み）することが決定し、販売・購買事業の全国段階である全農は株式会社化が求められました。

　このように、現在の農協は「農業・農村の危機」、「組織・事業・経営の危機」、「協同組合の危機」に直面しています。これらに対して、①「農業者の所得増大」、「農業生産の拡大」へのさらなる挑戦、②連携による「地域活性化」への貢献、③自己改革の実践を支える経営基盤の強化、を重点課題として取り組むこととしており、農協を取り巻く内外環境が大きく変化するもと、自己改革の成果が期待されています。

3．日本における総合農協の特徴と今

(1) 総合農協が多様な事業を展開する理由

　皆さんが一般的に想像できる農協を総合農協と呼び、その農協は農家を中心とした正組合員と非農家を中心とした准組合員を有し、営農指導事業・販売事業・購買事業・信用事業などの様々な事業を展開しています。一方で、欧州など諸外国の主流は、作物別の共販事業などを中心に生産指導や生産資材購買事業を行う専門農協となっています。

　日本の農協が農家および非農家も含めた農村を総合的に支える意義は、現代においても非常に大きく、総合事業を行う理由は、日本の多くの農村では

生活基盤が未整備であることとや、組合員の農業経営が家族を基盤として成り立っている家族経営であること、に深く関係しています。つまり、家族経営は、自分たちが所有している農地や機械、家族の労働力などを使って農業生産を行い、生産物を販売し、現金収入を得る仕組みです。そして、農業経営部門で得られた現金収入を家計部門に回して、生活に必要な商品を購入するとともに、貯蓄・共済（保険）加入などを行います。農協の目的（使命）は、営農も含めて組合員の暮らしを守ることであり、そのための手段として事業を行うことです。家族を単位とした農業経営と生活とを一体的に支援する重要な仕組みが農協の総合事業と考えられます。また、総合事業を実施することで、組合員の農業経営の状況を踏まえた経営指導ができるだけでなく、販売戦略に応じた生産指導・技術指導が可能となります。

　こうした日本の総合農協は、制度的・組織的・事業的に特徴を有しています[4]。

　総合農協の制度特性をみると、第1は、行政との関わりが深いことです。前述のように、農協はその設立や事業方式において、行政からの関与を強く受けてきました。第2は、農業政策における行政への牽制機能あるいは農業者の意思反映機能を有することです。農協は、高い加入率に支えられた多数の組合員を擁し、日本の各種協同組合の中でも有数の規模を誇ることなどにより、農業者の利益を政策的に働きかける機能を果たしてきました。しかしながら、2015年の農協法改正により、農政活動の法的根拠は失われてしまいました。

　次に、総合農協の組織の特徴をみると、第1は、農家のほとんどすべてを組合員として組織していることです。この背景には、富農層などは戦前から農会（や農業会）といった組織を結成していましたが、戦後の農地改革により創出された零細な自作農が農業経営安定化のために農協を必要とし、特に農家への支援策を浸透させようとしたことがあげられます。第2は、集落組織を運営の基本単位（基礎組織）としていることです。日本の農村は、稲作を中心とする村落共同体として発展してきました。これが今日の農業集落の

礎となり、産業組合の時代から協同組合活動が展開されてきました。第3は、正組合員以外に准組合員を認めていることです。産業組合時代は職能的組合ではなかったこと、協同活動を行う農村内で農家と非農家を区別できなかったこと、農協設立当初の経営不振時に事業量の確保が課題であったとともに、地域に居住する非農家の多くが農協の事業を必要としたことなどが、准組合員制度の理由といわれています。

さらに、総合農協の事業の特徴をみると、総合的な事業体制（兼営体制）をとっていることです。かつて農家の規模は零細で、家計と経営が未分離だったため、農協には農業経営部門のみならず家計部門等にも対応できる形態が求められてきました。また、組合員の多様なニーズに対応するため、このような体制がとられてきました。他方、この体制は農協経営にとって、信用・共済事業で調達した資金の事業間融通が可能となること、採算部門による不採算部門の補完が可能となること、特に、それ自体は収益を生まない指導事業の経費を補完できるなどのメリットを有しています。しかし、すべての農協が農協法で定められた事業のすべてに取り組んでいるわけではなく、各農協の経営内外の要因により取り組む事業が選択されています。

(2) 総合農協の現状

ここでは、農協数などの変化をみて、現状を把握します。「農業協同組合等現在数統計」によると、1950年度では全国で13,300の総合農協が事業を行っていましたが、前述の農業協同組合合併助成法によって、1965年度末には7,320にまで減少しました。その後も、広域合併が進み、1990年に3,574あった総合農協が2001年には1,181と3分の1以下に減少しています。1999年には全国で初めて1県1農協は誕生し、2015年で691組合、直近の2023年では544組合となっています。

次に、1995年以降における全国の総合農協の組合員数の推移をみると、農協の組合員数は1995年に903万人であったものが、2015年には1,037万人と漸増し、直近の2022年度では1,027万人となっています。1農協当たりの組合

員数をみると、1995年に3,675人であったものが、農協合併の進展に伴って増加していき、2004年には1万人を超え、2015年では15,117人となっています。もう一つの傾向としては、正組合員の減少と准組合員の漸増です。全組合員に占める正組合員の割合をみると、1995年で60％であったのが、2009年に50％となり、2015年には43％にまで縮小しています。

　全国の総合農協における事業総利益の合計は1995年の2.5兆円から2015年には1.9兆円にまで減少していますが、1農協当たりでみると、農協合併によって事業総利益は1995年の10.0億円から2015年には27.1億円に増加しています。これを事業別にみると、事業総利益合計に占める信用事業の割合が1995年の38％から2015年には42％に拡大している一方で、指導・販売・購買事業を合計した営農経済事業の割合は1995年の31％から2015年には23％にまで縮小しています。例えば、2015年度における（総合農協）販売事業取扱高の合計は4兆5,349億円であり、品目別にみると、野菜が1兆3,684億円と最も多く、次いで、米7,914億円、肉用牛5,248億円、生乳4,853億円、果実4,128億円となっています。また、購買事業全体で2兆6,079億円の供給取扱高のうち、生産資材が1兆9,020億円、生活資材が7,058億円、品目別にみると、生産資材では肥料が3,014億円、農薬が2,282億円、飼料が3,464億円となっています。

4．農協の抱える課題とその対応

　これまでも進めれている広域合併による事業面での効果として、①スケールメリットの発揮、②組織・事業の合理化・効率化、③マネジメントの強化、④専門性の発揮などが考えられます。店舗統廃合や要員配置の合理化、施設の集約化を図り、広域合併はコスト削減の面で効果があったと思います。

　一方で、組合員の増加によって農協への意志決定への関わりが間接的になったことや店舗統廃合による本所等の事務所や施設までの物理的な距離が拡大したことなどの問題も発生しています。また、信用事業を軸とした合併が進められていますが、地域ごとに形成されてきた生産・出荷等の方法や歴

第 12 章　農業・農村と歩む農協

史が異なるなかで、営農指導事業にはなじまないという側面もあります。

　営農指導事業や販売事業と直接的に関係のある正組合員をみると、戦後直後は零細で同規模の農家が大半でしたが、現在では、農家の規模も多様化し、かつ集落営農、企業の農業参入、法人化も進んでいます。また、地域の生産条件、営農類型の特性などによって、地域ごとに様々な経営形態が形成されています。これら多様な農業経営の形態に対して、農協はそれぞれの特性を踏まえつつ、組織、事業ともに対応を図っていく必要があります。さらに、農業経営の所得向上に繋がる6次産業化などにみられる経営体の事業多角化においては、農協が行う多様な事業との関わりも大きく、農業経営体と農協の連携が求められます。

　近年、推進される「みどりの食料システム戦略」では、異常気象・自然災害や国内外における環境問題や脱炭素などへの対応は不可欠であり、環境調和型農業や脱炭素などの取り組みにより、農業の持続性を確保していく必要があります[5]。さらに、「農山漁村発イノベーション」では、地域内での産業連携について、多様なネットワークを形成するコーディネーターとしての役割も重要となります。

　そのような状況のもと、2024年には、第30回全国大会が決議されました。第29回全国大会の実践状況や情勢・課題認識をふまえ、組合員・地域とともに協同の力を発揮し、以下の3つを基本的考え方として、具体的取り組みを実践するとともに、情報発信に取り組むこととしています。

　今回のスローガンは「組合員・地域とともに食と農を支える協同の力〜協同活動と総合事業の好循環〜」となっており、以下の5つの具体的な取り組みを進めることとしています。第1に、食料・農業戦略として、食料安全保障への貢献に向けた地域農業の実践、次世代の確保や環境との調和を通じた持続可能な農業の実現、農業所得の増大・国産農畜産物の安定供給、農業の担い手ニーズへの対応強化に向けた営農経済事業体制の整備、があげられています。第2に、くらし・地域活性化戦略として、活動・事業を通じた組合員の豊かなくらしの実現（協同活動と総合事業の好循環）、協同活動の実践

による協同組合としての強みの発揮、総合事業による組合員の豊かなくらしの実現、活動・事業を通じた地域社会の活性化・地域共生社会の実現、があげられています。第３に、組織基盤強化戦略（仲間づくり戦略）として、組合員等の現状把握と類型化をふまえた関係強化、価値観を共有する仲間づくり（組合員数の維持・拡大）、女性・青年をはじめとする多様な組合員等の参画促進、組合員の学びの場の提供・リーダー育成、があげられています。第４に、経営基盤強化戦略として、持続可能な経営基盤の確立、組合員・利用者から信頼される組織・業務運営の実践、価値提供に向けた協同組合らしい人づくり、JAの機能発揮に向けた中央会・連合会による支援、があげられています。第５に、広報戦略として、戦略的な情報発信に向けた広報戦略の確立と着実な実践、農業・農協に対する理解醸成・行動変容に向けた情報発信、組合員・職場向け広報（組織内広報）による組合員・役職員の理解促進、があげられています。

　これまで、農協は経営基盤強化のため、広域合併を進めてきた結果、「組合員の農協離れ」が大きな問題となっています。しかし、現実は「組合員が農協から離れた」のではなく「農協が組合員から離れた」ように思います。このような状況のもと、多様な組合員への柔軟な対応を行う農協も多数存在します。例えば、組合員への意思疎通を通じたファンづくりの取り組みを行うJAぎふや、出荷者の意向を踏まえた販売事業（生産者部会）の再編をすすめるJAとぴあ浜松などの取り組みがあります[6]。今後、農協は危機的状況にある農業・農村を救うことのできる重要な組織だと考えられることから、組織基盤強化（農協の経営）を最重要視するのではなく、総合農協の特徴を活かして、組合員とともに、農業振興に尽力し、地域づくりに積極的に関わっていく必要があるのではないでしょうか。

　最後に、補足として、2025年は（２度目の）「国際協同組合年」です。冒頭に紹介したように、協同組合は、ユネスコの無形文化遺産に登録されるなど国際的には高い評価を得ています。一方で、日本において協同組合の認知度は決して高いとは言えません。この「国際協同組合年」を契機として、組

第 12 章　農業・農村と歩む農協

織の特徴や活動を周知する必要があります。

注
1 ）詳細は、石田（2016：p.52-55）を参照。
2 ）詳細は、増田（2019：p.14）を参照。
3 ）「住専」とは、住宅金融専門会社の略称であり、1970年代に銀行などが設立した個人向けの住宅ローンを取り扱う（預金業務を行わない）貸金業を示します。「住専問題」とは、バブル経済の崩壊で不良債権化した住専の6.4兆円にも上る損失処理問題のことです。
4 ）詳細は、全国農業協同組合中央会（2022）を参照。
5 ）具体的な取り組みについては、JST共創の場形成支援プログラム【JPMJPF2003】の支援を受け、調査研究を進めるとともに、教育活動にも展開を検討しています。
6 ）詳細は、板橋（2021）を参照

参考文献
石田正昭（2016）『JAの歴史と私たちの役割　第 4 版』家の光協会
増田佳昭編著（2019）『制度環境の変化と農協の未来像』昭和堂
全国農業協同組合中央会（2022）『農業協同組合論　第 4 版』全国農業協同組合中央会
一般社団法人　日本協同組合連携機構（2024）『2021事業年度版　協同組合統計表』
野口敬夫・曹斌編著（2023）『農業協同組合の組織・事業とその展開方向』筑波書房
板橋衛編著（2021）『マーケットイン型産地づくりとJA』筑波書房

用語解説
○総合農協
　営農指導、資材の共同購入、農産物の共同販売、生命・損害・年金等の共済事業、貯金・融資等の信用事業などを総合的に行う農業協同組合です。
○専門農協
　信用事業をおこなわず、畜産、酪農、園芸といった特定の生産物の販売・購買事業を行う農業協同組合です。
○JA全国大会
　 3 年に 1 度、全国のJA関係者が集まり、自分たちの方向性や問題などを共有し、その課題解決を目指して、重点的に取り組むべきことを協議・決定します。

おわりに

藤田 武弘（追手門学院大学）
大浦 由美（和歌山大学）

　10年に及ぶ上秋津での寄付講義「地域づくりの理論と実践」が終了して、はや1年と半年。上秋津と大学との連携は、いまも多様な形で継続されています。例えば、第3章で紹介された農村ワーキングホリデーの仕組みを通じて、和歌山大学と追手門学院大学、さらには京都外国語大学など、寄付講義で座学を担当した教員の繋がりを活かして、これまで上秋津とは縁のなかった若者たちが継続的に農家との交流を深め、まさに農的「関係人口」として関わり成長しつつあります。

　そのような学生たちの受入窓口として地域（上秋津）の内と外を繋ぐ仕事に携わっている問山美海さんも、和歌山大学観光学部の卒業生です。問山さんは、在学中に寄付講座「地域づくりの理論と実践」を受講したことが縁で、大浦ゼミに所属し、農山村地域の再生手法に関心を深めたことから、卒業後は田辺市の「地域おこし協力隊」として秋津野ガルテンで活動しています。上秋津での都市農村交流活動の支援を通じて、地域づくりのノウハウを実践的に学び、将来は地域資源を活用した農村起業家を志そうとする彼女もまた、次世代を担う「地域づくり人材」の一人です。

　そして、農村ワーキングホリデーの受入に際して、上秋津中山間委員会との合意により中山間地域直接支払制度の「加算措置」を利用したことが引き金となって、これまで必ずしも都市農村交流活動に積極的ではなかった地元若手農業者層が、援農活動で訪れる学生たちの思いに触れ、秋津野ガルテンで展開される多様な交流活動に関心を持ち始めていることも大きな成果と言えるでしょう。上秋津で「地域づくり」実践を継承する次世代の担い手が再生産されている秘訣は、やはり外部と連携した「ひとづくり」に継続的に取

おわりに

り組んできたことにありそうです。

　また、上秋津での「地域づくり」実践の影響（波及効果）は、和歌山県紀北部に位置する紀美野町にも"飛び火"しています。紀美野町と和歌山大学との域学連携活動を土台として2023年度から始まった「きみの地域づくり学校」は、①「地域おこし協力隊」の起業化支援、②自治体職員のリスキリング、③移住・田舎暮らし希望者の地域理解促進、④地元住民の地域アイデンティティ向上、⑤大学生の「関係人口」創出と地元高校生の人口還流促進などを目的として運営されています。上秋津での寄付講義「地域づくりの理論と実践」で培われたノウハウを活かし、5視座15コマの講義で構成される「座学編」と本事業にメンターとして協力する町内・県内事業者（起業化した組織・団体など）でのインターンシップ活動に参加する「実践編」とで構成される本事業には毎回40-50名余りの高校生・大学生から地域の古老までの老若男女が集い研鑽を積んでいます。

　興味深いのは、上秋津での寄付講義に一般受講生として継続参加していた社会人受講生が、「きみの地域づくり学校」において学びを継続しながら、地域づくり活動を支援する目的から地元でのコミュニティビジネスの事業化を支援するアドバイザーとしての役割を果たすなど、まさに「地域づくり」の学びが社会実装化へと動き出していることです。また、本書の編著者でもある株式会社秋津野の木村社長が、座学編の講師を務めるほか、実践編でのインターンシップ受け入れ先として秋津野ガルテンでの多様な都市農村活動への参加機会を提供するなど紀美野町における「地域づくり」の人材育成を外部からサポートする役割を担っていることは、まさに上秋津における地域実践の真骨頂ともいえる特筆すべき点かと思います。

　ここまで読み進めて頂いた方はお分かりかと思いますが、序章と各章12講義、それに11のコラムを加えて構成された本書は、単に上秋津での「地域づくり」実践の経過を取りまとめた記録書ではありません。執筆者それぞれに、上秋津が取り組んできた「地域づくり」や人材育成のエッセンスは普遍性を持つとの認識をもち、この取り組みをいかにして各地に"発信"するのかと

いう視点から講義内容を精査し、内容を再構成して書き下ろしています。その意味では、地域づくりのノウハウを学ぶ実践的教科書としての期待に応えうるものと考えています。

　本書の刊行を機に、上秋津の地で「社会性・革新性・持続性」を意識しながら取り組んできた地域づくりのバトンをどう繋いでいけば良いのかについて、次世代教育に携わる私たち大学人も後れを取ることなく、地域の皆さんと共に悩み協働しながらその方法を模索していきたいと決意を新たにしているところです。

　最後になりましたが、出版事情の厳しい折にも関わらず、本書の出版にご理解・ご尽力を頂いた株式会社筑波書房の鶴見治彦氏に心より感謝申し上げます。

【編著者紹介】

藤田 武弘（ふじた・たけひろ）
1962年生まれ。追手門学院大学・地域創造学部教授（学部長）、和歌山大学名誉教授。博士（農学）。江頭財団寄付講義「地域づくり戦略論／地域づくりの理論と実践」主任講師（2014-21年度）、「きみの地域づくり学校」校長（2023-24年度）など地域づくり人材の育成に関わる。『都市と農村』（日本経済評論社2011：共編著）、『現代の食料・農業・農村を考える』（ミネルヴァ書房2018、共編著）、『講座これからの食料・農業市場学4　食と農の変貌と食料供給産業』（筑波書房2022、共編著）など多数。

木村 則夫（きむら・のりお）
1955年生まれ。株式会社秋津野代表取締役社長、株式会社きてら代表取締役専務、株式会社秋津野ゆい取締役を兼任。高校卒業後、農業機械販売会社でのサラリーマン生活を経て、実家の農業を継承し、専業農家として柑橘や梅を栽培する傍ら、農業者のネットワーク化、インターネットを利用した農業や地域情報の発信を続ける過程で、上秋津の「地域づくり」に参加する。その後は、都市農村交流施設秋津野ガルテンや直売所きてらなどコミュニティ・ビジネスの運営、さらには「地域づくり」の人材育成を目的とした和歌山大学との連携に関わっている。

大浦 由美（おおうら・ゆみ）
1968年生まれ。和歌山大学・観光学部教授（学部長）。博士（農学）。江頭財団寄付講義「地域づくりの理論と実践」主任講師（2022-23年度）を務めるほか、県内の棚田保全活動に取り組む学生団体「棚田ふぁむ」を顧問として支援している。『現代の観光とブランド』（同文舘出版2011、分担執筆）、『ここからはじめる観光学：楽しさから知的好奇心へ』（ナカニシヤ出版2016、分担執筆）、『大学的和歌山ガイドーこだわりの歩き方』（昭和堂2018、共編著）など多数。

岸上 光克（きしがみ・みつよし）
1977年生まれ。和歌山大学・経済学部教授（大学院観光学研究科教授・食農総合研究教育センター長を兼務）。博士（農学）。JAわかやま寄付講義『食と農のこれからを考える』主任講師、学内地域交流援農サークルagrico.（アグリコ）顧問など域学連携活動に積極的に従事する。『地域再生と農協』（筑波書房2012、単著）、『マーケットイン型産地づくりとJA』（筑波書房2021、分担執筆）、『農業協同組合の組織・事業とその展開方向』（筑波書房2023、分担執筆）など多数。

地域に学ぶひとづくり
和歌山・上秋津と大学との地域づくりからの発信

2025年3月31日　第1版第1刷発行

編著者　藤田 武弘・木村 則夫
　　　　大浦 由美・岸上 光克
発行者　鶴見 治彦
発行所　筑波書房
　　　　東京都新宿区神楽坂2-16-5　〒162-0825
　　　　電話03（3267）8599　郵便振替00150-3-39715
　　　　http://www.tsukuba-shobo.co.jp

定価はカバーに示してあります

印刷／製本　平河工業社
© 2025 Printed in Japan　ISBN978-4-8119-0695-9 C3033